大学校园文化丛书

心理委员工作指南

主编 姚 斌

西安交通大学出版社
XI'AN JIAOTONG UNIVERSITY PRESS

国家一级出版社
全国百佳图书出版单位

图书在版编目(CIP)数据

心理委员工作指南/姚斌主编.—西安:西安交通大学出版社,2018.12(2021.9重印)
(大学校园文化丛书)
ISBN 978-7-5693-1048-1

Ⅰ.①心… Ⅱ.①姚… Ⅲ.①大学生-心理健康-健康教育-指南 Ⅳ.①G444-62

中国版本图书馆 CIP 数据核字(2019)第 001910 号

书　　名	心理委员工作指南
主　　编	姚　斌
策划编辑	雒海宁
责任编辑	雒海宁
出版发行	西安交通大学出版社 (西安市兴庆南路 1 号　邮政编码 710048)
网　　址	http://www.xjtupress.com
电　　话	(029)82668357　82667874(发行中心) (029)82668315(总编办)
传　　真	(029)82668280
印　　刷	西安日报社印务中心
开　　本	787mm×1092mm　1/16　印张 15.875　字数 207 千字
版次印次	2019 年 11 月第 1 版　2021 年 9 月第 3 次印刷
书　　号	ISBN978-7-5693-1048-1
定　　价	48.00 元

订购热线:(029)82665248　(029)82665249
投稿热线:(029)82668525　(029)82665371
读者信箱:xjtu_rw@163.com

版权所有　侵权必究

编委会

主　　编　姚　斌

副 主 编　张洪英　金　花　李红燕

编　　委　（按姓氏汉语拼音排序）

　　　　　段继超　金　花　李红燕　刘晓瑞

　　　　　汪毅香　吴梦瑶　闫　琼　张洪英

　　　　　张　璐　张　楠

前　言

近年来,党和政府日益重视大学生心理健康教育工作。2016年12月,国家卫生计生委、教育部等22个部门共同印发了《关于加强心理健康服务的指导意见》(国卫疾控发〔2016〕77号),要求高校积极开展心理健康服务,提升大学生心理调适能力,保持良好的适应能力。2018年7月,教育部党组下发《高等学校学生心理健康教育指导纲要》(教党〔2018〕41号),该文件提出高校心理健康教育工作的主要任务是推进知识教育、开展宣传活动、强化咨询服务、加强预防干预。班级心理健康教育作为高校心理健康教育工作的重要环节,在促进学生心理健康、防范校园意外事件等方面发挥着积极作用。

班级心理委员自2004年开始出现以来,在我国高校得到了快速发展。目前,多数高校都设立了班级心理委员,有的高校还设立了男生和女生两位心理委员。心理委员与同学们生活在一起,能够保持与班级同学的良好沟通,及时观察同学们的情绪和行为举止,积极关注班级同学的学习和生活状态。心理委员应与学院心理辅导员、班干部、宿舍长保持良好的信息交流和沟通,在学院学生工作与学校心理健康教育工作中架起了桥梁,对防止大学生心理问题加重和恶性事件的发生起到了重要作用,成为学校整体心理健康教育工作的重要环节,有效地强化了大学生心理危机事件的预防系统。

心理委员作为在班级层面开展心理健康教育工作的组织者、实施者,需要承担开展心理健康知识宣传,帮助同学解决心理问题,发现心理危机并及时报告等多项工作。显然,与其他班干部相比,心理委员的工作内容更加复杂,工作要求更高,因此,对心理委员的培训成为有效开展工作的前提。编写本书的目的就是帮助心理委员学习心理健康基本知识,掌握基本助人技术,提升开展班级心理健康工作的能力。

本书的内容分为三个部分：基本能力、实务工作和问题解决。基本能力内容包括前五章，主要介绍了心理委员的工作职责和历史发展，心理学基础知识和心理健康与心理咨询知识、人际沟通技术和心理委员工作方法。实务工作内容包括中间四章，主要介绍心理健康宣传工作方法、班级活动组织、心理评估与个别心理辅导以及心理危机的识别与干预的基本知识和技能。问题解决内容包括最后三章，主要分析入学适应问题、学业问题、职业与就业问题、人际关系问题、恋爱与婚姻问题、不良情绪、不良行为、自我意识问题和精神疾病等大学生常见的心理问题或精神疾病，并提出解决问题或求助的对策。

本书的作者均为长期从事大学生心理健康教育工作的高校教师，他们理论功底深厚，实践经验丰富，对心理委员工作有着深刻的理解。各章的作者分别是：第一章，西安交通大学姚斌；第二章，西安交通大学吴梦瑶；第三章，西安交通大学刘晓瑞；第四章、第八章，西北工业大学张洪英；第五章，西北农林科技大学金花；第六章，西北农林科技大学张璐；第七章，西安交通大学闫琼；第九章，西安交通大学李红燕；第十章，西安交通大学段继超；第十一章，西安交通大学张楠；第十二章，西安交通大学汪毅香。

本书可以作为高校心理委员培训教材，也可作为关注大学生心理健康的辅导员、学生工作者等人员的参考资料。希望本书的出版能对提升心理委员工作能力发挥积极作用。

最后，感谢西安交通大学、西北工业大学、西北农林科技大学三所高校相关领导对本书编写的鼓励和支持，感谢西安交通大学出版社为本书的出版付出的努力，感谢各位编者的辛勤劳动。

姚　斌
2019 年 5 月 25 日

目录 Contents

第一章　心理委员概述 …………………………………………（ 1 ）
　第一节　什么是心理委员 ……………………………………（ 1 ）
　第二节　心理委员的工作机制与原则 ………………………（ 6 ）
　第三节　心理委员的选拔与培养 ……………………………（ 16 ）

第二章　心理学基础知识 ………………………………………（ 22 ）
　第一节　心理实质 ……………………………………………（ 22 ）
　第二节　心理现象 ……………………………………………（ 27 ）
　第三节　心理发展与社会化 …………………………………（ 34 ）
　第四节　态度与态度转变 ……………………………………（ 40 ）

第三章　心理健康、心理障碍与心理咨询 ……………………（ 44 ）
　第一节　心理健康的概念及标准 ……………………………（ 44 ）
　第二节　心理障碍及其表现 …………………………………（ 47 ）
　第三节　认识心理咨询 ………………………………………（ 53 ）

第四章　人际沟通技术 …………………………………………（ 62 ）
　第一节　良好的态度 …………………………………………（ 62 ）
　第二节　共情与积极关注 ……………………………………（ 64 ）
　第三节　倾听与询问 …………………………………………（ 69 ）
　第四节　反应技术 ……………………………………………（ 75 ）
　第五节　人际影响技术 ………………………………………（ 80 ）

第五章　心理委员工作方法 ……………………………………（ 84 ）
　第一节　目标与计划 …………………………………………（ 84 ）
　第二节　记录与总结 …………………………………………（ 87 ）
　第三节　工作联络与心理委员自我管理 ……………………（ 90 ）
　第四节　善于利用专业资源 …………………………………（ 95 ）

第六章　心理健康宣传 （106）
第一节　心理健康宣传的目的及意义 （106）
第二节　心理健康宣传的内容 （109）
第三节　心理健康宣传的途径 （114）

第七章　班级心理活动的组织 （120）
第一节　班级心理健康活动的目的 （121）
第二节　班级心理健康活动的设计 （124）
第三节　班级心理健康活动的组织与实施 （129）

第八章　心理评估与个别心理辅导 （138）
第一节　心理评估概述 （138）
第二节　日常观察 （141）
第三节　常用心理评估量表 （145）
第四节　个别心理辅导 （154）

第九章　心理危机的识别与处理 （163）
第一节　心理危机概述 （163）
第二节　自杀及其影响因素 （168）
第三节　对处于心理危机状态学生的干预 （172）

第十章　大学生入学适应与学业问题及其解决对策 （178）
第一节　入学适应 （178）
第二节　学业问题 （188）
第三节　职业与就业 （196）

第十一章　大学生人际与婚恋问题及其解决对策 （203）
第一节　大学生人际关系问题及其调节 （203）
第二节　大学生恋爱问题及其调节 （213）
第三节　大学生自我意识问题及其调节 （223）

第十二章　大学生情绪与行为问题及其解决对策 （229）
第一节　大学生常见不良情绪应对 （229）
第二节　大学生常见精神疾病与不良行为识别与应对 （238）

第一章 心理委员概述

大家对"学习委员""体育委员"等班委会成员比较熟悉,对"心理委员"比较陌生。大家会问,心理委员是班干部吗?心理委员都需要做些什么?为什么大学里要设置心理委员?学过心理学的人才能做心理委员吗?对于每一位初次接触"心理委员"一词的同学来说,心头的一个个疑问需要得到解答。本章主要介绍心理委员的基本职责与工作机制,说明担任心理委员的工作对班级、对同学、对心理委员本人的意义,让同学们对心理委员的工作有较为全面的了解。

第一节 什么是心理委员

心理委员就是开展班级心理健康教育,关心同学心理健康与心理成长,帮助同学处理心理问题,发现并协助处理同学心理危机的班委会成员。与其他班干部一样,心理委员有自己分管的工作,即班级心理健康教育与心理健康促进。心理委员要主动组织班级心理教育活动,协助老师处理本班同学心理健康方面的问题,营造良好的班级氛围,促进同学间的沟通与交流,让每一位同学健康、快乐地度过四年的大学时光。

一、心理委员及其缘起

心理委员作为一名班干部,负有以平等、尊重、助人的态度为班级同学提供心理健康服务的职责,同时还要组织开展班级心理健康教育的各类事务和活动。担任心理委员通常要具备一定的条件,如应具有胜任该项工作的能力,须通过专门的选拔和系统的培训并经过考核,合格后方可任职,要接受院系、班级、团组织和学校心理健康教育机构的领导,任职后还需接受长期的专业督导。

我们可以从两个角度来理解心理委员。一方面,心理委员的工作是一种朋辈辅导,是经过相关培训的心理委员帮助本班同学发现和解决心理问题的过程;另一方面,因为班级管理需要一个能开展心理健康教育,帮助同学解决心理问题的人,所以班级设置心理委员这一职位来负责这项工作。

朋辈咨询(peer counseling)是在朋辈之间进行的一种互助式的心理辅导活动,是经过一定培训的朋辈咨询员向需要帮助的同学提供心理咨询的活动。格雷和霆多尔(1978)对朋辈咨询的定义是"非专业工作者作为帮助者所采取的人际间的帮助行为",马歇尔夫(1981)认为朋辈咨询是"非专业心理工作者经过选拔、培训和督导向寻求帮助的年龄相当的受助者,提供具有心理咨询功能的人际帮助的过程"。朋辈咨询起源于20世纪60年代的美国。为了缓解学生问题众多、专业人员不足的矛盾,美国一些中学和大学培训部分学生开展朋辈互助活动,在调解学生矛盾、戒烟戒毒、艾滋病预防、学业辅导等方面发挥了积极作用。1984年,美国朋辈互助者协会成立,朋辈咨询成为一被种广泛采用的学生工作模式。

在我国,20世纪90年代以后,一些高校逐渐开展各种形式的朋辈辅导工作。朋辈辅导的内容包括以下几个方面:朋辈学业辅导,是学生之间进行学业帮扶的活动;朋辈健康教育,是朋辈间开展的以预防疾病、培养健康生活习惯为目的的活动;朋辈思想辅导,是朋辈之间进行政治思想交流的活动;朋辈心理辅导,是对朋辈的心理问题进行开导或咨询的活动。可见,朋辈辅导并不限于心理辅导的领域,只要是朋辈间的帮助和辅导都算是朋辈辅导。在心理健康教育领域,朋辈辅导被看作是高校大学生心理健康教育体系的一个重要环节,经过培训的大学生在开展心理健康教育、发现和帮扶出现心理危机的学生、协助同学走出心理困惑等方面发挥着积极作用。

心理委员辅导是一种具有中国特色的朋辈辅导形式,两者的工作范围和内涵有交叉,也有区别。朋辈辅导侧重于朋辈间的帮扶,主要针对个体,而且内容更为具体;心理委员辅导需要开展朋辈心理辅导,但又不仅局限于个体心理辅导,还要开展心理健康宣传、活动组织等多项工作,更多地从班级的角度策划、实施心理健康相关活动。

2004年,天津大学、北京大学、中国科技大学、西安交通大学等高校较早提出并建立了"心理委员""心理辅导联络员"等朋辈心理互助组织。其中,天津大学提出并实施以心理委员为基础的大学生心理危机干预机制,同时在《中国青年报》以"班级有了心理委员"为主题做了报道,在国内产生了一定影响。之后,许多高校都设立了班级心理委员、院系心理工作站及学校心理咨询中心三级心理健康教育工作体系。西安交通大学于2004年3月经过班级推荐,为每一个班级配备一名"心理辅导联络员",并于4月至6月开展了首批培训。2008年,西安交通大学将"心理辅导联络员"更名为"心理委员",并纳入班委会成员。

二、心理委员的职责

心理委员应明确职责才能做好班级心理工作。作为班委会成员之一,心理委员既要从班级角度策划、实施心理健康相关活动,又要关注同学个体的心理健康,其职责具体包括以下六个方面。

1. 宣传心理健康知识

一些同学由于缺乏对心理健康知识的了解,长期处于焦虑、抑郁等不良情绪下不能自拔;一些同学对心理问题存在偏见,即便出现心理问题也不愿主动寻求帮助。宣传心理健康知识的目的在于让同学掌握心理健康基本常识,了解常见心理问题的表现及自我调节方法,了解心理咨询的作用及基本过程,形成及时寻求心理帮助的习惯。

心理健康知识宣传的形式多样,既可以用发放宣传页,在板报、橱窗展示等传统手段,也可以用QQ、微博、微信、网站论坛等新媒体形式传播心理健康知识。心理健康知识的内容和宣传形式在本书第六章详细介绍。

2. 策划、组织班级心理健康主题活动

形式多样的班级活动既能活跃气氛,增进同学间的交流,也能寓教于乐,将心理健康知识以直观、活泼的形式呈现给同学。班级心理委员应积极组织班级活动,活动形式可以有心理沙龙、热点心理话题座谈、心理健康知识竞赛、趣味游戏等。策划、组织心理健康主题活动的相关内容在本书第七章详细介绍。

3. 落实学校及院系安排的心理健康教育工作任务

许多学校都建立了学校—院系—班级三级心理健康教育工作体系,每一个层级都有专门人员负责心理健康教育工作,各层级之间交流互动,共同做好学生心理健康教育工作。心理委员就是班级心理健康教育工作的负责人,接受院系心理健康教师(或辅导员)的业务指导,承接学校和院系在班级层面开展的工作,比如协助老师组织新生进行心理普查,组织同学参加心理讲座等。

4. 发现存在心理危机和心理问题的同学应及时报告

根据有关调查可知,有10%～20%的大学生存在不同程度的心理问题,其中有少数人已达到精神疾病的程度,个别人在遭受重大打击之后还可能出现心理危机。心理委员应当成为本班同学心理健康状态的观察者、心理问题的评估者,以及心理危机的发现者。对于出现心理问题的同学,心理委员应当建议他们到学校心理咨询中心寻求帮助;对于出现心理危机的同学,心理委员应当及时报告给辅导员老师,或直接联系学校心理咨询中心进行干预。心理评估知识在本书第八章详细介绍。心理危机的识别与处理在本书第九章详细介绍。

5. 提供心理辅导和心理支持

正规的心理咨询需要专业咨询师去做,心理委员可以作为朋辈辅导者,帮助同学分析面临的问题,调节消极的情绪,纠正不良的行为。要做好朋辈辅导,就需要具备一定的专业知识,掌握基本的沟通技巧,学习调节心态的基本方法。对于出现心理危机的同学,心理委员还应当主动提供心理支撑,陪伴同学走出困境,陪护有危险的同学。人际沟通技巧在本书第四章详细介绍,个别心理辅导方法在本书第八章详细介绍。

6. 营造良好的班级心理氛围

心理委员作为心理知识的宣传者、心理健康活动的组织者、心理危机的发现者和陪伴者、心理问题的辅导者,通过多种形式的宣传教育活动,引导同学以积极乐观的态度面对学习、生活,及时调整心态,营造轻松愉快的班级氛围。

三、心理委员工作的意义

在班级设立心理委员是我国大学生心理健康教育工作的一个创举。心理委员使心理健康教育成为班级活动的一个常规内容,对大学生的成长、成才具有重要意义,具体体现在以下几个方面。

1. 使高校心理健康教育工作更加广泛和深入

每个班级设立一位心理委员,这使高校从事心理健康教育的人数由几个、几十个增加到成百上千个;使心理健康教育的场所由学校心理健康教育与咨询中心有限的空间拓展到教室、宿舍。心理委员主动组织的班级活动不仅让同学们对心理健康有了近距离的接触,而且通过承接学校、院系心理健康教育活动,让心理健康教育工作有了更坚实的群众基础。

2. 丰富了班级活动的内容

心理委员同其他班委会成员一起策划与组织了以促进心理成长和

发展、预防心理问题、提升同学心理健康水平目标的各类活动,使班级活动更加丰富,班级凝聚力更强,同学关系更为融洽,班级气氛更加活跃。

3. 有助于提升大学生心理健康水平

普及心理健康知识的各类宣传活动,可以提高大学生对心理健康的关注;介绍应对心理问题的方法技巧,可以提升大学生对心理问题的自我调节能力;朋辈咨询辅导,可以协助同学解决心理问题;宣传教育可以消除大学生对心理咨询的误解,可以增强大学生的求助意识,形成有问题寻求心理咨询的良好习惯。

4. 及时发现心理危机,防范意外事件的发生

心理委员每天都与本班同学一起上课,一起生活,一起参与各种校园活动,只有具备一定的心理危机常识,注意观察周围人的情绪状态,才能够及时发现出现心理危机的同学。心理委员发现出现心理危机的同学后及时报告给辅导员老师或者心理老师,可以使处于危机中的同学尽快得到专业帮助,防范自杀、自伤或伤害事件的发生。

5. 有助于心理委员的成长与发展

学习心理学知识可以让心理委员了解人的心理活动的一般规律以及心理健康的标准和意义,可以使其更好地了解自己、理解他人。帮助同学解决心理问题的过程也是促使心理委员提升沟通交流能力、提升解决问题能力的过程。策划组织各类心理健康活动也是培养心理委员组织能力的良好机遇。

第二节 心理委员的工作机制与原则

班级心理委员的工作是高校心理健康教育工作的组成部分。作为心理委员,应该对大学生心理健康教育的目的和内容有所了解,并熟悉学校开展心理健康教育的途径与方法,以便在班级工作中能有大局观念,结合心理健康教育的目的开展工作,同时认真配合学校、院系的各项工作。

心理健康教育在我国开展的时间较短,很多同学对心理健康缺乏了解,或者对心理问题存在偏见。因此,开展班级心理健康教育工作不同于其他工作,心理委员应了解开展心理健康宣传和活动设计的一般原则,使各项工作的开展不至于违反心理教育基本规律。

一、大学生心理健康教育的目标与内容

大学生心理健康教育是20世纪80年代以后逐渐发展起来的一项新的工作内容。进入21世纪后,在教育部的推动下,高校心理健康教育工作蓬勃发展,各高校普遍设立了心理健康教育相关机构,为大学生提供心理健康教育和咨询服务。心理健康教育包括良好心理素质的培养与心理疾病的防治,两者相辅相成,共同促进学生的健康成长和自我发展。

1. 大学生心理健康教育的目标

大学生心理健康教育的总体目标有两个。第一个是维护心理健康,使个体长时间保持良好的心理状态,高效地完成学习和工作的各项任务,对自我和现实有较高的认同感和满意感;第二个是提升心理素质,使个体在创造力、耐挫力、康复力、适应力、行动力、沟通力、专注力等方面有良好的表现,能够充分发挥自我潜能,在现实生活中获得社会认可和自我满足。这两个目标具体体现在下述四个方面。

(1)帮助大学生保持良好心态,解决心理问题,预防心理疾病,防范心理危机。通过改善自我意识、增进人际关系等心理健康教育活动,帮助大学生提高自我认同和他人认同,保持良好的心理状态,预防心理疾病。

(2)促进大学生适应校园生活,适应社会环境。从高中走进大学,从大学走向社会,大学生会面临许多新的要求和挑战。心理健康教育使大学生提前知道会遇到怎样的挑战和要求,如何正确看待这些挑战和要求,如何自我调节才可以应对这些挑战和要求,促进大学生对新环境的良好适应。

(3)不断提升心理素质,发展综合能力。心理健康教育可以帮助大学生提高适应力,提升耐挫力和康复力,提高心理素质,并在不断发现和解决心理问题的过程中提升大学生的综合素质。

(4)纠正不良习惯,培养健全人格。许多大学生对人生、对社会的看法还不够成熟,存在许多人格缺陷。心理健康教育可以帮助大学生发现自己的人格缺陷,纠正自己的缺点,弥补自己的不足,培养适应社会要求的人格品质。

2. 大学生心理健康教育的主要内容

按照心理健康教育目标和任务的要求,结合大学生的学习与生活实际,我们认为大学生心理健康教育的内容应该包括以下四个方面。

(1)心理学基本知识。学习心理学基本知识能够帮助大学生更好地理解人的心理现象,以科学的态度看待成长和发展中的各种心理问题,减少因缺乏知识产生的困惑和问题。学习心理学基本知识还可以健全知识结构,增加理解社会、理解人生的视角,促进大学生的自我成熟和发展。

(2)心理健康与心理障碍相关知识。了解心理健康知识可以让大学生明确良好心理状态的标准,树立主动维护心理健康的意识,理解导致心理问题的原因。心理障碍也叫心理疾病,这部分知识主要介绍常见心理疾病的表现,可以让大学生在自己或周围人出现心理障碍时及时识别。

(3)大学生自我发展的相关问题及应对。学习和生活中难免会出现心理问题,如何看待这些问题,如何自我调节、积极求助顺利解决问题,减少对自我发展的影响,是大学生心理健康教育的主要内容之一。

(4)解决心理问题的方法和途径。许多大学生在出现各种心理问题时自己不能及时解决,也不愿寻求心理咨询的帮助,导致较长时间里受到心理问题的影响。如何进行自我调节或求助,是大学生心理健康教育的一个重要内容。

二、大学生心理健康教育工作体系简介

根据大学生的心理特点,借鉴发达国家高校心理健康工作经验,结合我国高校实际情况,经过20余年的发展,我国逐渐形成了具有中国特色的大学生心理健康教育工作体系。各高校纷纷建立了以校级大学生心理健康教育与咨询中心为龙头,以各院系心理健康教育工作站或心理辅导站为骨干,以班级心理委员及大学生朋辈心理互助团体为基础的三级心理健康教育网络。三级工作网络参与人员多,它将专业性和普及性相结合,让大学生接受全方位的心理健康服务。

三级工作网络的机构、人员组成及职责如下。

1. 学校层面的心理健康教育工作

学校成立"大学生心理健康教育工作领导小组",由主管学生工作的校领导担任组长,成员由学校大学生心理健康教育与咨询中心及相关处室负责人组成;主要负责制定大学生心理健康教育相关政策,规划工作发展,协调各部门共同参与大学生心理健康教育工作,为大学生心理健康教育工作的顺利开展提供政策保障、经费保障和人员保障。

学校大学生心理健康教育与咨询中心是开展工作的实体机构,负责大学生心理健康教育工作的计划和实施并开展各项心理健康教育活动。中心配备专、兼职心理教师或心理咨询师,按照教育部相关文件要求,学校心理健康教育与咨询中心专职教师与学生的比例应该在1:5000到1:3000,也就是每1万名学生应该有2~3名心理教师。大学生心理健康教育与咨询中心开展的主要工作包括:开展全校性心理健康教育活动,指导院系、班级开展心理健康教育工作,开设心理健康课程,开展个别心理咨询和团体心理辅导,开展新生心理普查并建立心理档案，开展心理危机的预防与干预工作，培训心理健康教育工作队伍，开展大学生心理健康教育相关研究等。

2. 院系层面的心理健康教育工作

院系成立由负责学生工作的领导为组长，由负责心理健康教育的辅导员及骨干辅导员、班主任组成的院系心理健康工作小组，负责本院系心理健康教育工作的规划与实施，并指导所有辅导员、班主任开展心理健康教育工作。

院系心理健康工作站（或心理辅导站）是负责心理健康教育工作的机构，由负责心理健康工作的辅导员及有心理咨询师资质的辅导员组成；主要开展院系心理健康知识宣传，指导班级及学生组织开展心理健康教育工作，开展个别心理辅导和团体活动，开展心理危机的预防及干预工作等。

3. 班级及学生组织层面的心理健康教育工作

班委会及相关学生社团是开展心理健康教育工作的一线组织，以朋辈互助的形式开展心理健康教育工作。心理委员负责本班心理健康知识宣传及活动开展，并为有需要的同学提供朋辈心理辅导，介绍出现心理困惑的同学到学校心理健康教育与咨询中心接受辅导。班级心理委员要开展的各项工作的具体要求在后面各章分别介绍。

学生心理学协会等学生社团也是开展朋辈心理健康教育的重要力量。有的学校除了心理学协会之外，还有"爱心社""心缘社"等学生社团组织，以开展心理健康宣传活动为主要内容。学生社团成员来自不同院系，有更宽泛的覆盖面，大家因兴趣加入社团，活动积极性更高，在心理健康宣传教育中可以发挥积极作用。

学生会、团组织等机构组织严密，活动效率高，开展心理健康主题活动有其优势。学生会、团组织是半官方的学生管理机构，在学校、院系、班级三个层面均有覆盖，组织心理健康主题活动可以产生较大影响。

三、心理健康知识宣传及活动工作原则

班级心理健康教育工作形式多样，讲座、讨论、集体活动、征文、知识竞赛等形式均可用于心理健康教育。心理健康教育的内容不拘一格，既可以有对心理健康相关知识的宣传，也可以有结合同学实际需要开展的各项活动。选择工作内容和形式时，班级心理委员应注意遵循以下工作原则，以免产生不良影响。

1. 科学性原则

班级心理委员开展的各项宣传教育活动应该是科学的，是经过科学研究证实的、正确的内容。首先，宣传的内容应该是正确的，不能宣扬错误的、迷信的、过分绝对化的观点。一些大学生相信星座决定一个人的性格，动辄以星座判断同学的个性，这种披着心理学外衣的迷信的东西会误导他人并损害心理学的声誉。其次，开展各项工作要符合科学规律，特别是心理科学的规律。例如，在面临考试时，人都会有一些紧张情绪，但某位心理委员希望通过自己的工作让大家一点都不紧张，这显然是做不到的。

要做到宣传教育的科学性，心理委员在选择宣传内容时应注意甄别。一般来说，学术杂志、正规出版社出版的书籍上的内容都是比较准确的，可以作为宣传教育的内容。如果从网络上搜集宣传内容，要注意区别网站的背景和栏目的类型，学术机构、高校、政府机关等机构网站发布的信息可信度高，一些门户网站上的科普栏目、学术交流栏目的内容比较可信，而一些娱乐八卦栏目的内容就不可用。心理委员在找到合适的宣传资料之后，如果没有把握，可以征求专业教师的意见，或者直接使用学校心理健康教育与咨询中心的宣传材料。

2. 积极性原则

班级心理健康教育活动应该是积极向上的，既要有利于个人的身心健康和成长发展，也要有利于集体和社会的发展。举办的各种班级

活动,要能够让同学们乐于参加,让同学们在活动中感受到关心、支持、友爱,让同学们在学业发展、心理成熟等方面受益。像新闻报道的一些社会机构进行特训时让参训者喝马桶水以显示对集体和命令的服从,就是不恰当的做法。有的班级组织同学间"揭短"的活动,本意是希望通过相互批评帮助同学自我完善,但却成了同学间的指责和打击,让一些同学更加没有自信,而且损害了同学关系。

积极性原则还要求活动内容多宣传正能量,以积极向上、乐观、勤勉、好学、友善等态度看待社会现象、自己和他人。活动内容不要受一些网络媒体的消极影响。心理委员在组织班级心理健康教育活动时,应考虑活动内容不仅要有益于个人和集体,还不能产生消极影响。有的班级组织同学参与带有暴力色彩的网络游戏,一方面有宣扬暴力的嫌疑,另一方面也是对那些迷恋网络游戏而影响学习的人的一种认可,会在同学中产生不良影响。

3. 广泛性原则

开展班级心理健康教育不是心理委员一个人的事情,也不是班委会几个人的事情,而要面向所有同学,让同学广泛受益。在宣传心理健康知识时,应让每一位同学都看到、听到;在举办心理健康主题活动时,要让每一位同学都参与。

同学们的成长背景不同,性格特征各异。有的同学不用邀请都会主动参加各种活动,主动与人交往,而有的同学性格内向,甚至还比较自卑,人际交往和参与集体活动的主动性差,这些同学就需要心理委员主动邀请和动员,让他们也接触到心理健康的相关知识,了解人际关系对个人成长发展的重要性,了解可以通过心理咨询解决心理问题,完善自我。

4. 参与性原则

班级心理健康教育应突出紧密结合同学实际的学习生活,以参与性高的活动吸引同学,在互动交流中共同探索心理健康的奥秘。在学习中,"满堂灌"式的教学一直被人们所诟病,但要提供较大的知识量,"满堂灌"也是无奈之举。班级心理健康教育活动内容没有限制,形式可以灵活,不求传播的知识量有多少,而是要同学们真正理解和接受。设计参与性强的活动是提高宣传教育效果很好的办法。例如,某个主题请同学们各自准备,举办一次讨论交流,再请专业老师点评,其效果就比单纯请老师来做一次讲座要好。

四、朋辈辅导基本原则

在发现同学出现情绪不佳等不良心理状态,或者发现同学面临人际矛盾、学业失败、失恋等现实问题时,班级心理委员需要以朋辈辅导者的身份进行个别心理辅导,力所能及地帮助同学走出心理困惑。在进行个别心理辅导时,心理委员除了要注意场所的安静、舒适,对方有交流的意愿之外,还应注意遵循以下几个基本原则。

1. 保密原则

在生活中,我们都不喜欢将自己内心的秘密告诉那些"嘴上没门"、到处宣扬别人隐私的人,和这种人交往时都会非常小心。可见,替他人保密是建立信任关系的前提。实际上,每个人内心都有自己的秘密,尽管有些事情在他人看来没什么见不得人的,好像没必要保密,但对于本人来说,却可能是其怯于让他人知道的心灵疮疤。出现心理问题的同学只有确信自己讲的内容不会被传播出去,不会对自己的声誉造成什么影响,才会信任心理委员,才愿意向心理委员透露自己的真实情况。

保密原则要求心理委员不能将交谈中获得的信息透露给他人,包括同学内心的痛苦和纠结、矛盾与烦恼等问题表现,以及成长经历、家庭背景、对其他人的评价等个人信息,更不能将同学的故事当笑话说给其他人听,不能因同学的问题而取笑、调侃他。如果把同学个人的信息泄露给他人,则有可能对其人际关系造成伤害,或者使同学的声誉受到影响。

在一些特殊情况下,不管当事同学是否愿意,心理委员都必须将交流中的某些内容报告给辅导员或者心理咨询老师。这些特殊情况包括:当同学有自杀、自伤倾向,或有伤害他人、危害公共安全的倾向,或者有违法犯罪行为等。报告给老师不是对同学的背叛,而是出于保护其自身或者他人安全、避免出现极端事件的考虑。

2. 中立原则

中立原则要求心理委员在辅导交谈过程中保持中立的立场,尊重其他同学的价值观念体系,对他人表现出的价值观念或行为举止不做道德性的评价。既不用自己的价值观念去评价和要求他人,也不用社会公认的良好价值观念评价和要求他人。

作为心理委员,要理解社会是由一个个性格各异、追求不同的个体组成的,人们的观念和行为不可能完全一致。法律是约束个体言行的准绳,只要没有违反法律,个体的任何一种观念和行为都是可以的。人的价值观是在家庭、学校和社会各方面的因素影响下形成的,如果详细了解了某同学在儿童期、青少年期所遭遇的各种打击、挫折事件,就能理解某同学为什么会出现某种问题,或者存在某种缺陷。

人际交往的原则里有自我价值保护原则,是指在人际交往中人总是会防止自我价值受到贬低和否定,对能够肯定自我价值的人,个体就对其认同和接纳,对不能肯定自我价值的人,个体就会疏远。所以,在与同学交流过程中,如果能够肯定对方的价值观,最起码不否定,就会有利于辅导交流的深入开展。

3. 平等原则

心理委员与其他人本身就是同学,是平等的身份。但由于在辅导交流过程中,心理委员是帮助人的角色,因此可能出现居高临下,以助人者自居,或者有因同学的问题而瞧不起同学的现象。平等的交流会让人感觉安全与放松,使交流过程更加容易。心理委员的平等交流也体现了对同学的尊重。

心理委员应在交流中贯彻平等原则。首先，要注意有平等交流的心态，不把同学看作是有问题的人，不因同学的问题而瞧不起他，知道同学的问题是暂时的；其次，要注意语气和缓，在分析问题和提出建议时以商量的口气进行，不武断地下结论，不强加于人；再次，要注意交流过程以同学的问题和意愿为主导，不要滔滔不绝地讲道理。

4. 助人自助原则

助人自助的目标是在咨询中帮助他人可以自主成长，是授人以渔，而非授人以鱼。心理委员是一个帮助者的角色，不是问题的承担者，不能越俎代庖，代替同学解决问题。解决具体问题，固然可以让同学尽快走出困惑，但这并不是助人的最终目的。通过解决某个具体问题，让同学掌握分析问题、解决问题的思路和方法，这才能真正提高其解决问题的能力。

所以，心理委员在帮助他人的过程中是一个旁观者、分析者和建议者，不是要介入解决问题的具体过程，而是要鼓励当事人在解决问题的过程中更主动地探索问题的原因和解决办法，并且去主动实施。

5. 限定原则

限定原则是指在朋辈心理辅导中的咨询目标和内容、咨询关系、咨询时间等方面应该有所限制，不能大包大揽，没有边界。心理委员并不是专业的心理老师，解决问题的能力有限，与被帮助者是同学关系，有的比较隐私的问题并不好谈，沟通交流过程并没有专门的场所和时间，这些条件使得心理委员帮助同学解决问题有一定的局限性。

心理委员在帮助同学解决心理问题之初，就应该和同学商议要解决什么问题，明确心理辅导的目标。这个目标不是要解决所有的问题，而要把问题分解，以其中某些较为具体的问题为目标。有了这样的约定，也容易看到朋辈辅导的效果，让当事同学对心理委员的帮助感到满意。

心理委员可以力所能及地帮助同学解决心理问题,而不能保证一定能解决问题。有的问题往往比较复杂,或者已经到了精神疾病、心理危机的状态,就很难解决。对于帮助效果不佳的情况,心理委员应及时介绍有问题的同学到学校心理健康教育与咨询中心寻求专业帮助。

第三节 心理委员的选拔与培养

心理委员是一个特殊的班委会成员,其工作内涵丰富,工作要求高,既要做组织活动、宣传教育等管理类工作,又要做个别谈心、发现心理危机者等专业要求高的工作。其他班委的工作有热情、凭经验就能做好,可以没有特别的培训,但心理委员的工作如果没有必要的选拔和培训就难以胜任。其他班委可以一年换一次,让更多的同学有担任班干部的机会,而心理委员最好是连任,如果确因能力所限不能胜任,或者有某些特殊原因需要更换,新任班级心理委员则应该接受培训。

一位能胜任的心理委员应该是班经经过细致的选拔找到的合适的人。这个人是经过系统的培训,掌握基本的知识技能,具备基本的条件之后才能正式上岗。在工作过程中,心理委员还要不断接受培训和专业督导,接受评估考核,不断自我提高,提升能力。这样的过程不仅可以让心理委员做好工作,也能使其在心理成熟和社会适应能力方面有很大的提升。

一、心理委员的招募与选拔

因为心理委员要承担宣传心理健康、帮助同学缓解心理困惑的职责,所以如果一位不擅长与人交往的同学承担此项工作,不仅该做的事情做不好,而且工作过程也会给他本人带来许多烦恼。

1. 担任心理委员应具备的特点

结合心理委员的工作内容,我们认为适宜做心理委员的人应具备以下特点:

(1)待人热情,有爱心,乐于助人,有亲和力;

(2)观察敏锐,应变力强,有服务意识,责任心强;

(3)善于理解他人,能容忍他人的不足,沟通能力强,人际关系良好;

(4)有影响力,组织能力强,有宣传意识;

(5)心理康复力强,能及时调节不良情绪,没有自私、偏执、狭隘等明显的个性偏差,没有心理疾病,心理健康状态良好;

(6)喜欢学习心理学、教育学、社会学、文学、历史等人文社科知识。

2. 心理委员的招募和选拔过程

心理委员的招募应该由辅导员或者班主任主持进行,应包括以下六个环节:

(1)宣传教育。招募之前应向全班同学介绍心理健康的重要性,心理委员的工作职责,适宜做心理委员者的特点,心理委员选拔和培训的程序等方面内容。充分的宣传教育不仅让准备报名的同学明确将来的工作,而且让全班同学接受一次心理健康教育活动。宣传教育过程可在辅导员或班主任的指导下,由上一届心理委员协助开展。

(2)自愿报名。在明确心理委员的职责之后,班级通过自愿报名的方式确定心理委员的候选人。报名者应填"心理委员报名表",它包含姓名、性别、班级等个人基本信息,以及曾接受的心理健康相关培训等内容。报名者还应填写一份《承诺书》,内容主要包括自愿承担心理委员工作,承诺履行职责,积极学习心理学知识,热心帮助同学,在朋辈辅导中替同学保密等。上述适合做心理委员者的特点只是一个参考标准,也许一个班找不出非常合适的人,但只要相对贴近就可以。

(3)心理测验。班级请学校心理健康教育与咨询中心协助,对心理委员候选人实施心理测验。如是新生班级选拔心理委员,新生入学心理测评的结果可以作为参考。心理测评可以发现存在明显心理问题的学生,但并不能保证没有问题的人就适合做心理委员。

(4)心理健康知识考试。考试由学校心理健康教育与咨询中心提供考试题目,主要包括一些心理健康常识,了解候选人对心理健康知识的熟悉程度。考试不指定参考书,也不进行培训辅导,由学生本人自行准备,准备考试的过程也是学习和提高的过程。

(5)公开竞选。心理委员的竞选可以与其他班干部的竞选一起进行。竞选过程一般包括个人展示和投票选举两个环节。在个人展示环节,竞聘者应说明心理健康的重要性,自己对心理委员工作的理解,自己承担此项工作的优势和特点,未来工作的计划等内容。竞选过程应有辅导员或班主任老师全程参与。竞选后应保留考试得分、投票结果等资料,以备查阅。

(6)沟通与公示。竞选后辅导员或班主任应与心理委员进行一次谈话,表明对其工作的期望,说明后期培训计划,了解其对心理委员工作的具体打算,并予以鼓励支持。竞选结束时应向全班同学说明有一定的公示时间,如同学对竞选过程或者当选人有异议,请及时与辅导员或班主任沟通。

二、心理委员的培训与认证

班级心理委员接受必要的培训,才能具备基本的知识和能力,顺利开展心理健康教育相关工作。

1.培训方式与组织

培训心理委员的方式可以有课堂教学、专题讲座、网络课程、团体活动、自学与讨论等。各高校在心理委员的培训和管理上差异较大。有的高校将心理委员培训作为一门课程,要求所有心理委员选修该课程;多数高校以专题讲座形式介绍必要的知识和技能。网络课程方便快捷,时间灵活,受到学生欢迎。团体活动、讨论等形式配合课程、讲座等知识传授的方式会有更好的效果。列出自学书籍清单,定期组织讨论和考试,鼓励学生自主学习也是不错的选择。概括地说,心理委员培训有准入性培训和提升性培训两种。

(1)准入性培训。准入性培训也叫岗前培训,是以胜任心理委员工作为目的,对心理委员必须了解的知识、必须掌握的技能的培训。准入性培训的内容应该包括心理委员的职责、心理委员相关工作制度和基本方法、心理健康教育工作及沟通交流的基本原则、心理健康基本知识、心理危机的识别与初步处理、心理疾病的识别与转介、心理咨询基本知识等。

准入性培训主要针对大一新任心理委员,高年级新任心理委员也可包括在内。准入性培训一般由学校心理健康教育与咨询中心组织,并在培训结束后考核。

(2)提升性培训。提升性培训以提高心理委员工作质量为目标,深入、细致地介绍心理健康相关知识,提升心理委员的工作能力。培训内容可以包括大学生常见的心理问题的原因及帮助对策、沟通交流技巧、班级心理健康宣传、心理健康主题班会的设计与组织、心理委员工作方法、心理危机者的陪护与处理等。

提升性培训也包括对心理委员开展的业务指导和朋辈心理辅导的督导。业务指导是心理老师对心理委员开展的具体工作进行的指导,例如修改心理健康主题班会策划书、确定心理健康宣传的内容和途径等。朋辈心理辅导的督导是指对心理委员解决同学问题的过程进行督导,评价其心理辅导的有效性,提供改进的建议等。

提升性培训可以分阶段进行,可以安排在不同年级心理委员相关内容的培训中。提升性培训可以由学校心理健康教育与咨询中心和院系心理辅导员共同组织开展。

2. 心理委员培训的考核与认证

在心理委员培训中,心理老师通过考核督促心理委员认真学习,并评价其掌握相关知识和技能的程度。考核分为过程性考核与终结性考核。过程性考核包括课中、课后测验或作业和对自主学习的考查。对于讲授的内容，心理老师可以通过课堂测验和课后作业了解学生的掌握程度；对于布置给心理委员自主学习的内容，心理老师应该通过作业、论文或考试了解其学习的程度。终结性考核是心理委员在完成某个主题或阶段的培训之后进行的考核。终结性考核内容更为全面，其结果可以作为判断学生是否掌握相关知识技能、是否胜任的标准。

对于准入性培训，经过考核合格的心理委员，一般由学校心理健康教育与咨询中心向其颁发心理委员证书。证书上除了说明其具备心理委员资格之外，还应留下记录后期考核结果的空间。提升性培训的项目应以不同主题为单位进行考核，并在心理委员证书上记录结果。

准入性考核不合格的学生不能担任心理委员。要么让其经过自学进行补考，要么将考核结果反馈给辅导员或班主任，请辅导员或班主任与班委会成员协商另外选拔心理委员。如果条件允许，可以请班长或团支部书记和心理委员一起接受培训，一方面可以增强心理健康教育工作的力量，另一方面可以作为心理委员不能履行职责时的替补。

三、心理委员的个人成长

心理委员的工作不但能满足班级心理健康教育的需要，而且能够让心理委员学习更多知识、掌握更多技能，在积极开展工作中促进自我的成长、成熟。

1. 知识学习和技能培养

首先，学校针对心理委员开展的各种培训内容全面、系统，是获得知识和技能的重要途径。积极参与培训，认真学习体会，可以让心理委员尽快掌握相关知识。其次，心理委员还要学习与培训内容相关的知识，例如在学习了心理咨询的基本常识之后，还可以自学不同理论流派的心理咨询原理和方法。最后,心理委员还应学习与了解人、了解社会相关的外围知识,比如社会学、伦理学、美学、哲学等。

2. 经验积累与总结提升

俗话说,"实践出真知"。现实的工作就是学习提高的最好方法。要做一次心理健康宣讲,心理委员就必须认真准备材料,宣讲者本人一定是掌握这些知识最牢靠的人。举办一次班级活动,你也许有些地方做得并不是很好,但是正是错误和失败暴露了自己知识和能力的缺陷,也是自己学习和提高的机会。应该注意的是,心理委员应该养成及时总结经验、不断自我反思的习惯,而不能只想展示成绩、不愿面对错误。

心理委员在工作中还应该及时发现问题,虚心请教老师,不断提高自己。心理委员要知道自己本来是一位学生,只经过基本的培训,并不能很好地运用心理咨询的相关技术,如遇不懂、不会的问题,要及时向辅导员、班主任或者学校心理健康教育与咨询中心的老师请教。

3. 促进自我成熟和完善

完成工作任务不应该是心理委员的唯一目的。在工作中更多地了解他人,锻炼自己,通过心理委员的工作促进自我的成熟和完善,才是心理委员工作的最高境界。学校应组织各种活动让心理委员有机会展示能力,发现不足。心理委员对同学的朋辈辅导不仅可以锻炼其人际交往能力,而且可以使其了解更多人的心理特点,了解更多人的成长轨迹。心理委员要做好助人的工作,就要更多地思考和认识人性,思考社会和人生,在广阔的视野下看待自己的人生,形成客观、务实、积极的生活态度,能够准确地认识自我,不断地完善自我,才能更好地帮助别人。

第二章 心理学基础知识

小宇(化名)高考志愿填写了心理学专业,之后如愿以偿成了一名心理学专业的大学生。上了大学之后,心理学像是为他打开了一扇更好地认识自己和世界的窗户。可是,有一些问题一直让他有些困扰,每次碰到亲朋好友,大家都会很好奇地问他,"你是学心理的,你知道我在想什么吗?""教教我,怎么去分析一个人的性格?""你们心理学怎么还研究儿童,儿童会有值得研究的想法吗?"每当遇到这些问题,小宇都感觉有很多东西需要解释,却又不知从何说起。

第一节 心理实质

大家都会好奇,心理学可以帮助我们看透人们在想什么吗?心理学可以帮助我们更好地应对生活事件吗?甚至有时候,心理学也会被加上"神秘""玄学"的标签。那么,心理学究竟是怎样一门学科呢,它真的可以帮助我们探测人心、预测未来吗?其实,古往今来,人类一直在探索着有关人的心理的秘密,下面我们就来真正认识一下人类心理的本质究竟是什么。

一、人的心理是人脑的功能

心理的实质是有关人脑的功能。我们都知道,心理现象是十分复杂的,正是因为其复杂性,使得人们对心理的认识经历了漫长的过程。古人认为灵魂是住在心脏里的,产生了很多唯心主义和形而上学的狭隘认识。如今,我们已经形成了常识,知道人是用大脑想问题的。从辩证唯物主义出发,我们对心理做出了科学的阐释,即人的心理是人脑的功能,是对客观现实的反映。获得这样的认知,人类走过了漫长的探索过程,到目前,这一论断得到了人们的生活经验、临床事实以及脑解剖和生理过程的科学研究所获得的大量资料的证明。

人类具有思维,能够认识到事物的本质和事物之间的内在联系,这是人的心理与动物心理最本质的区别。心理现象的产生与发展是与神经系统的不断出现与完善相联系的。心理是神经系统的结果,而大脑是神经系统发展的最高产物,所以,神经系统,特别是大脑,是从事心理活动的器官。

1. 脑的结构与功能

(1)神经系统的主要结构与功能。神经系统包括中枢神经系统和周围神经系统两大部分,中枢神经系统指脊髓和脑,周围神经系统包括脑神经与支配肢体的周围神经。

脊髓是最底层的运动中枢,是完成躯体运动最基本的反射中枢。它的主要功能是通过神经回路传导最基本的、定型的和反射性运动活动,这个反射活动构成了运动调节的基础。

脑干是位于脊髓和间脑之间的较小部分,由延髓、脑桥和中脑三部分组成。延髓位于脑的最下部,被称为"生命中枢",因为它负责控制人体的呼吸、心跳、吞咽、消化、排泄等活动。脑桥位于中脑与延脑之间。中脑位于脑桥之上,是整个脑的中点,是视觉与听觉的反射中枢。

小脑位于脑干背面,也是我们在日常生活中经常提到的一个词,它分左、右两半球,主要协助大脑维持我们人体的平衡与协调。小脑损伤会出现运动失调。除此之外,我们的认知功能也与小脑有关,近年来研究发现小脑的功能缺陷可能导致口吃、阅读困难等。

周围神经系统从中枢神经系统发出,导向人体的各个部分,主要负责与身体各部分的联络工作。

(2)大脑的结构与功能。大脑由左、右半球组成,两半球外部是2～5毫米的灰质层,我们通常称之为大脑皮质,含有140亿个左右的神经细胞。我们都知道大脑皮质的展开面积很大,达到2200～2600平方厘米,其表面有许多皱襞,凹陷的缝称为沟或裂,隆起的部分称为脑回。

布鲁德曼(Brodmann)通过对大脑皮质各区域的研究,将大脑皮质分为不同的功能区。例如,视觉区位于枕叶内,接受在光刺激的作用下由眼睛输入的神经冲动,产生初级形式的视觉。在大脑左半球额叶的后下方,有一个言语运动区,我们称之为布洛卡区,这个区域受损会引发失语症。布洛卡(Broca)是最早发现大脑左半球语言中枢的法国生理学家。1861年布洛卡通过尸检证明大脑左前叶第三回受损即丧失语言能力,这是第一次明确证明某一特定能力与大脑某一特定控制点之间有联系。不过,以上我们所说的大脑皮质功能定位都是相对的,各中枢并不是彼此孤立地发挥作用,而是在功能上互相配合,形成一个统一的整体。

(3)大脑两半球的单侧优势。正常人的大脑有两个半球,由胼胝体连接沟通构成一个完整的统一体。人体活动是大脑两半球交互工作的结果。大脑两半球在功能上有所区分,左半球感受并控制右半边的身体,右半球感受并控制左半边的身体。左半球负责逻辑理解、记忆、语言、判断、推理、基本感觉(视觉、听觉、触觉、味觉、嗅觉)等,思维方式具有分析性和延续性,所以很多人将左脑称为"学术脑""语言脑"。右半脑主要负责直觉、情感、身体协调、形象记忆、美术、音乐、想象等。右脑是创造力的源泉,是艺术和经验学习的中枢。许多高级思维都取决于右脑,可以为我们人类提供无穷的创造才能,所以我们也称右脑为"创造脑""音乐脑""艺术脑"。综上我们可以看到,左脑主要负责逻辑思维,右脑主要从事形象思维。对于整个人类以及我们每个人来说,挖掘大脑两半球的智能区非常重要,而大脑的潜能开发则主要在于对右脑的开发。

2. 高级神经活动的基本过程与基本方式

高级神经活动(higher nervous activity)是大脑皮质的活动,人的思维、语言和实践活动都是高级神经活动的表现。高级神经活动的基本过程是兴奋和抑制,人的心理活动就其神经机制来说,都与大脑皮质的兴奋和抑制有密切关系。兴奋和抑制是两个对立而统一的过程,二者性质相反但又相互依存、相互转化、相互制约。总体来说,神经系统的活动时而兴奋、时而抑制,以实现机体活动的完整和统一。

反射是高级神经活动的基本方式。反射是指机体通过中枢神经系统对体内外刺激产生的有规律的应答活动。我们的眼睛遇到强光会眨动,手碰到烫水会缩回来,食物放进嘴里会引起唾液分泌,这些都是基本的反射行为。

反射可分为无条件反射和条件反射两大类。无条件反射是不用经过学习的本能,是固定的、先天遗传的反射。比如我们上述所举到的例子,手碰到烫的东西会缩回来,眼睛遇到强光会眨动,都是人体的无条件反射。

与无条件反射相对应的是条件反射,是指在一定条件下外界刺激与有机体反应之间建立起来的暂时神经联系,它是经过学习后天形成的。具体来说,就是对于一个原来不能引起某一个反应的刺激,通过一个学习的过程,把这个刺激与另一个本身能引起这个反应的刺激同时给予,使它们彼此之间建立起联系。

条件反射分为经典条件反射与操作条件反射。俄国生理学家巴甫洛夫(Pavlow)最早进行了经典条件反射的研究。我们都知道,给狗喂食物的时候,狗会分泌唾液,即流口水,这是一种无条件反射。在进行研究时,巴甫洛夫加入了一个中性刺激,即每次给狗吃肉前都会按蜂鸣器,这样循环往复多次,经过强化,即使不给狗喂送食物,只要按蜂鸣器,狗就会分泌唾液,这时狗对于蜂鸣器做出的流涎反应就表明其对于蜂鸣器的条件反射形成了。这种机体被动强化所得的条件反射即我们所讲的经典条件反射。美国心理学家斯金纳(Skinner)在20世纪30年代提出了操作条件反射。心理学理论中著名的"斯金纳箱"就是由此而来的。斯金纳箱是斯金纳专门设计的一种木箱,箱子里面有一个杠杆装置。斯金纳将小白鼠放入箱内,小白鼠会在箱内随心所欲地活动,上蹿下跳,在这种随意活动中误打误撞就会无意中跳上杠杆将杠杆压下,继而有食物掉入箱内。这样经过反复几次的误打误撞,小白鼠渐渐知道了按压杠杆会有食物掉下来,习得了这种操作与食物之间的联系。于是,之后当小白鼠饥饿时,就会主动按压杠杆以获得食物。这种通过机体主动活动或操作而得到强化的反射叫作操作条件反射。综上,我们可以了解到,条件反射扩展了我们对外界复杂环境的适应范围,使得我们具有更大的灵活性、预见性和适应性。

二、心理是人脑对客观现实的反映

心理并不能自主地产生现象或活动,而是大脑对客观现实的反映。客观现实作用于人的感觉器官,通过大脑活动将客观事物变成映象,从而才产生了心理。我们基本的感觉、知觉、思维、情感、记忆等都是客观现实作用于人脑的结果。

大家都有这样的经验,外在现实是客观的、相同的,可是为什么我们每个人的感觉、思维、情感甚至记忆会有很大的差异呢?原因就是我们对于客观事物的反映具有主观性和能动性。每个人的生活经历、个性、态度、经验都会影响我们对外界现实的反映。例如，老师布置了较多的作业，有些同学觉得很苦闷，有些同学则会觉得很充实；周末班级组织集体出游，有些同学觉得很开心、很憧憬，有些同学则会在心理上比较抵触这种集体活动。能动性则体现在我们心理的反映并不是镜子式的反映，而是积极、能动的过程。一方面，我们在对客观现实反映时，不仅反映外部现象，还反映事物的本质和内在联系；另一方面，我们可以用这种认识指导实践活动，改造客观世界。

同时，心理又具有社会性，是自然功能和社会性结合的结果。从过去到现在，我们都会看到这样的新闻，人类的小孩出生后没有接触人类社会，而是在动物群体中长大，成为"狼孩""猪孩"等，这些孩子在被人类发现后，不会语言、不能与人交流，甚至不会直立行走。所以离开了人类社会，人的心理现象和心理活动是无法正常产生的。

所以，我们了解到，人类心理的实质是关于人脑的功能，而这种心理现象是我们对客观现实主观的、能动的、社会化的反映。心理的实质是自然和社会相结合的产物。

第二节 心理现象

又是一个九月初，大学开学了，小A进入了新的班级。陌生的班级和同学让他有些不适应，他郁郁寡欢、心情低落。小B在第一次班会活动中表现出的出色演讲能力让他有些自卑，小C在数学课上展现出的缜密思维让他有些退缩，这些都让小A很怀念之前的高中时光。然而，渐渐地，他发现班级同学大都开朗乐观、积极向上，这些热情慢慢感染着他，经过一个月的适应，他慢慢地融入新班级了。

如上面的例子，几乎每时每刻，我们都在体验着心理现象。我们经常说，心理学与日常生活息息相关，那么，都有哪些我们生活中观察到、体验到的心理现象呢？昨天的你，是不是还在为突如其来、郁郁寡欢的情绪而摸不着头脑？今天的你，是不是在经历某件事情时又勾起了许久以前的一个记忆？为什么你对最近发生的事情产生了一种见解，而你的朋友对这件事情的认识跟你完全不一样呢？

上一节我们认识到心理的实质是关于脑的功能，脑的功能对于大多数人来说是比较深奥的概念，是我们不能够直接观察到或感受到的。那么我们通常是如何感知、体验我们以及他人的心理活动呢？这就要引入心理现象的概念，心理现象（mental phenomena）是心理活动的表现形式，日常生活中经常提到的情绪、情感、思维、动机、需要等都属于心理现象。心理现象是比较复杂的，一般来说，可将心理现象分为两类，即心理过程与个性心理。心理过程是指心理活动的过程，包括认知过程、情绪情感过程和意志过程，其中认知过程又包括感觉、知觉、记忆、思维和想象。个性心理则主要是指个性心理特征和个性倾向性两个方面。

一、心理过程

心理过程包括认知现象、情绪、情感和意志。认知是我们获得知识、运用知识的过程，也是信息加工的过程，是人类最基本的心理现象。认知所包含的感觉、知觉、记忆等我们下面会详细介绍。情绪和情感对于我们每个人来说并不陌生，快乐、悲伤、气愤是人们每天都会体验到的，是我们在对客观事物认识过程中所表现出的态度体验。意志则是有意识地确定目标、制订计划、采取行动，最终实现预定目的的心理过程。

1. 认知过程

认知是个体认识外界事物的过程，是对作用于人体感觉器官的外界事物进行信息加工的过程。具体来说，认知过程包括我们是怎样注意并获取来自各方的信息,信息在头脑中是怎样储存和加工,以及我们是怎样解决问题、怎么思考、怎样转化成语言的。认知主要包括感觉、知觉、记忆、思维、想象。

(1)感觉。感觉几乎是每时每刻伴随着我们的东西,又是容易被我们忽视的东西。它关乎我们是如何认识外在世界的,又是如何感知除自己之外所有的客观对象的。我们认识客观对象、外在世界的所有根源都是感觉,最重要的是,感觉提供了内外环境的信息,使得机体与环境保持信息的平衡。我们看到蓝天白云、日升日落,听到美妙的歌曲,体察到冬日寒冷、夏日炎炎,感受到身体疼痛不适,均来源于感觉。

对于客观世界里的一切客观物质,我们的头脑首先会接受这些物质可被看到的、听到的、触到的、嗅到的属性,进而加工、认识,这就是感觉,也可以说感觉就是人脑对事物个别属性的认识。一般来说,感觉包括视觉、听觉、触觉、嗅觉、味觉、内脏感觉等,这些都是我们感知外在世界的具体方式,都是由体内体外刺激影响感觉器官引起的。感觉对我们适应周围环境有着十分重要的意义,也是一切较高级、较复杂的心理现象的基础。

(2)知觉。当我们看到一件衣服时,我们看到它的样子、颜色,触摸到它的质地,这些都是感觉,那么更进一步,我们会认识到它的整体风格,认识到也许穿上它会让我们变得更好看,这就是知觉。知觉指的是人体通过感官得到了外在世界的信息,我们的头脑经过对这些信息的加工,产生对事物的整体的认识,并且了解到它的意义。如上所述,整体性和意义性是知觉的两个重要特性。

我们认识一个客观物质的意义,一定是以其个别属性为基础的,即知觉是建立在感觉之上的,但是它并不是感觉的简单总和,而是按一定方式对个别感觉信息进行整合形成一定的结构。通常,知觉是通过觉察、分辨和确认来实现的。而这种知觉的实现,一方面依赖于客观存在的作用于我们感官的刺激物,另一方面还依赖于感知的主体,即我们每一个个体,而不是像感觉接收器一样是单纯的眼睛、耳朵等。就如一千个读者心中有一千个哈姆雷特那样,个体的需要、兴趣、知识、经验等都会影响到对事物知觉的过程和结果。

(3)记忆。虽说花落无声、风过无痕,但花朵凋零会飘落在地上、微风吹过会引起树叶摇晃,大自然中的现象几乎都会留下痕迹。我们人体也不例外,经历过的事情总会在大脑中留下印记。记忆就是指头脑中积累和保存个体经验的过程。用心理学中信息加工的观点来阐释,就是指人脑对外界输入的信息进行编码、存储和提取的全过程。记忆不仅包括我们从事过的活动、经历过的事情,还包括我们思考过的问题、体验过的情感等,这些都会在我们头脑中留下或深或浅的印象,从而成为经验,保留或长或短的时期。

从表面来看,记忆是存在于我们每一个人头脑中的潜在的现象,然而它却对每一个个体甚至整个人类社会有着非常积极和重要的作用。我们从小所慢慢发展的语言、动作、技能等,都是通过记忆才进行了经验的积累,例如我们对于课本知识的学习,对于日常生活中游泳、骑自行车、做饭等技能的掌握,都是建立在记忆的基础上的。我们对于客观物质的知觉、对于问题的解决,也都是记忆提供的重要经验。

(4)思维。相比于感觉、知觉、记忆来说,思维是一种更高级、更复杂的认知活动,它以感知为基础,但又超越感知的界限,是对外界输入的刺激进行更深层次的加工。概括来说,思维是借助于语言、表象对客观事物的概括和间接的反映过程。例如,我们在书中阐释的"心理的实质是大脑对于外界事物的反映"就是思维的结果。思维除了上述概念中所描述的概括性和间接性,还包括对于头脑中已有知识经验的重建、改组和更新,即不是对外界刺激的单纯反映。例如,同学们在写学术论文时,需要思考研究课题的背景和目的,以及根据这种目的所进行的具体研究设计方案,这些都是思维的过程,而不是简单的经验再现。

(5)想象。想象是一种特殊的思维方式,它与思维有着密切的联系,都是高级的认知过程。用心理学的语言描述,想象就是人脑在思维的参与下,对表象进行加工、改造而创造出新事物形象的心理过程。想象来源于客观事物、现实生活,却又超越现实,是人类所特有的一种对客观现实的反映方式,能够突破时间和空间的限制。想象分为无意想象和有意想象两种。无意想象,顾名思义,就是没有既定的目的,由刺激对象所引发的不由自主地想象。比如,我们看到城堡可能会不自觉想到童话故事,看到形状各异的山峰想到与之相像的小动物。相对应的,有意想象指的是我们有目的地、主动地进行的想象活动。例如,小时候我们会有命题的想象作文;开发新产品,我们需要进行创造性的想象;对于未来,我们每个人也会进行与生活愿望相结合的想象。想象对于我们的生活有着重要的作用,它既对个体有着调节的作用,还可以预见未来。

2. 情绪、情感

(1)情绪与情感的概念。我们每天的生活都伴随着复杂又多变的情绪与情感,时而开心,时而悲伤,时而期待,时而恐惧。每个人的喜怒哀乐、幸福与否都取决于情绪、情感,其在生活中扮演着非常重要的角色。情绪、情感是一种特殊的心理现象,不同于上述的认知过程,其主要描述的是一种主观感受或内心体验。

情绪指的是以个体的愿望和需要为中介的一种心理活动,是伴随着认知和意识过程产生的对外界事物态度的体验。情感与情绪相类似,是态度在心理上的一种较复杂而又稳定的评价和体验。幸福、爱情、美感等,这些都是情感的表现形式。

(2)情绪与情感的比较。情绪与情感经常被作为一个统一的心理过程来讨论。两者作为主体的主观感受,都是对客观事物的态度的体验,是人脑对客观外界事物与主体需要之间关系的反映。实际上,情绪与情感描述的是同一过程和同一现象,只是分别强调了同一心理现象的两个不同方面。两者的不同体现在以下几个方面。首先,情绪主要强调感情反映的过程,即脑的活动过程,多与生理性的需要相联系,而情感则更为社会化,常被用来描述具有社会意义的感情,比如快乐、惊讶、恐惧,这些都是指情绪,而情感则包括理智感、道德感和美感;其次,情绪具有暂时性和情境性,每个人的情绪状态都可能会随时起伏和波动;而情感则更加深刻和稳定,是个体在情绪的基础上逐渐形成的稳定的态度体验;最后,情绪比较外显,即对于一般人来说,我们很容易判断出他今天是开心还是郁闷,判断出他当下是平静还是愤怒,而情感则具备内隐性,我们一般很难从一时的表面现象判断出一个人的情感状态。

3. 意志

意志是一种人的思维见之于行动的心理过程,即有意识地确立目的,调节和支配行动,并通过克服困难和挫折,实现目的的心理过程,强调目的性以及有信念的坚持。高中生为了可以考上理想的大学,放弃很多娱乐的机会,坚持刻苦学习,这是意志的表现;在马拉松比赛中,选手们克服身体的疲惫,凭着坚定的信念坚持到底,这也是意志的表现。

二、个性

所有事物都是由共性和个性组成的,我们人类也不例外。在日常生活中,我们会发现我们与身边的人有许多相似的地方,我们遇到开心的事情会笑,看到感动的电影内心会触动,然而也会发现身边每一个人又有很大的差异,有些人热情,有些人冷静,有些人果敢坚毅,有些人优柔寡断。所以,对于每一个个体,我们既拥有人类所共有的特征,也具备个体所带有个性色彩的特征。上述第一部分所介绍的心理过程就是人们所共同具有的心理活动,而体现个体差异的个性心理现象则是由个性心理特征和个性倾向性所组成的。

1. 个性心理特征

个性心理特征是个体所表现出来的具有个人特色的、比较稳定的、本质的心理特点,一般分为能力、气质和性格。

(1)能力。我们在日常学习与工作中,经常会谈论到能力,我们会说某人的能力很强,也会说某人的领导力很强而其他的能力却欠佳。那么能力到底指的是什么呢?能力是一种心理特征,具体来说,是顺利、有效地完成某种活动所必须具备的心理条件。能力是体现在具体的活动中的,每个人在不同的活动中会表现出不同的能力。比如,有些同学在社团活动中表现出了领导能力,有些同学在艺术节上表现出了表演能力,有些同学则在辩论比赛中展示了语言组织能力。

(2)气质。气质是一种表现在心理活动的强度、速度、灵活性和指向性等方面的稳定的心理特征,即我们平常所说的脾气、秉性或性情。比如,有些人脾气暴躁,有些人则性情温和。我们每个人都属于不同的气质类型,然而这些气质类型并无好坏之分,每种气质类型都有其积极的一面,也有其消极的一面。气质主要由先天因素决定,受神经系统类型的影响,后天的因素只占很少部分。总体来说,气质具有比较强的稳定性,比较难改变,但并不意味着其完全不会发生变化,在外在环境的影响下,气质也具有一定的可塑性。

(3)性格。性格是个体在对现实的稳定的态度和习惯化了的行为方式中所表现出来的人格特征。比如,有些人乐于助人、礼貌、诚恳,有些人却自私自利、不负责任。性格是我们每个人稳定的、独特的个性心理,是个性特征中最具有核心意义的心理特征,体现了人与人之间最核心的人格差异。如果说气质更多地体现了人格的生物属性,那么性格则体现了人格的社会属性,性格是在后天的环境中逐渐形成的,并且也包含了许多社会道德含义。同样的,虽然性格更多地受后天环境的影响,但是生物学因素也在性格形成中起到了一定的作用。

2. 个性倾向性

在日常生活中,我们很少提到"个性倾向性"这个名词,但是个性倾向性所包含的概念,例如需要、动机、兴趣、理想、信念、人生观、价值观、世界观等均是我们经常谈论的心理特征。综合这些概念来看,心理倾向性指的是个体所具有的意识倾向,也就是对于客观事物的稳定的态度。需要、动机、兴趣、信念等都表达了我们每个人对于客观事物、客观现象的态度和倾向,并且在人群中的差异也体现得非常明显。

第三节　心理发展与社会化

相信大多数同学都会对自己的婴儿时期和童年时期感到好奇,小时候的自己是怎样一个状态呢?当时的小孩又是怎样发展成为现在的自己?从咿呀学语到书写长篇论文,从简单的感觉到缜密的思维,我们都经历了些什么?我们经常说"童言无忌",那么为什么小孩子的反应、话语与成人有所差异?我们在很多场合都会提到青春期,为什么青春期是一个特殊阶段呢?

其实,我们每一个人都是心理发展的直接见证者,从在母亲的肚子里到生命结束,我们都在经历着心理发展的过程。过去,学者们更多地将心理发展描述为从婴幼儿到青年早期的发展,而现在我们更多地将心理发展的过程看作贯穿于整个生命过程的终身发展。

心理发展是指个体在整个生命历程中所发生的一系列积极的心理变化,它包括在功能变化、生理成长的基础上,通过学习、实践、生活,在社会环境的影响和教育的作用下,个体所经历的感知觉、语言、认知、社会化等的变化与发展。

一、身体、动作与感知觉的发展

产前期、婴幼儿期与儿童期是身体发展最显著的时期。母亲的卵子与父亲的精子相结合孕育出了个体最初的生命。从受孕到出生,个体首先经历了从胚芽期到胎儿期的转变。出生后,从婴幼儿期到儿童期,个体经历了显著的身体变化,从外在来看,身高、体重、骨骼等都产生了显而易见的生长,而内在则主要体现在人类最为特殊的大脑的发育。脑的发育主要表现在大脑皮质的生长,新生儿脑的大小大概是成人的1/4,到了四岁左右时脑的大小已经和成人的比较接近了。青春期也是个体经历身体变化的重要时期,身体的快速生长和性成熟是这一时期身体变化的主要特征,不论是男孩还是女孩,身高与体重的增长都会在这一时期达到高峰,同时,第二性征的发育则是这一时期最重要的身体变化,由此,男孩和女孩建立起了更为深刻的性别意识以及与之伴随的两性吸引。

在生活中,我们都会有这样的经历,对婴幼儿,我们最常感叹的就是关于他们的动作发展,比如小孩会翻身了、会爬了、会走路了,都是大人们惊叹的一个重要节点。因为婴幼儿动作发展是其各种活动的直接前提,也关乎其之后的认知发展。幼儿动作的发展都遵循着共同的规律,中国的古话"三翻、六坐、七滚、八爬、九立、周会走"讲的就是婴幼儿时期动作发展所遵循的大致规律。当然婴幼儿个体之间也会存在着一定的差异。

在前面的心理现象中我们提到,感知觉是我们认识外在世界的基础,那么对婴幼儿来说更是如此,他们最初正是依凭着感知觉去认识这个世界的。触觉、视觉、听觉等都是个体早期感知世界的重要途径,而触觉是可观察到的最早发展的,也是婴幼儿最重要的探索外界的工具。除了用手触摸物体,我们发现婴儿最喜欢用嘴接触各种物体,那是因为对婴儿来说口腔触觉是他们认识外在事物的一个非常重要的途径。

身体、动作与感知觉的发展共同构成了婴幼儿与儿童时期的基本发展,也为语言与认知的发展打下了坚实的基础。

二、语言的发展

语言的发展指的是人类个体出生后一定时期内掌握本族语言的过程。语言能力是人类最重要也最特别的能力,是儿童成长阶段中一项十分重要的发展任务。语言的发展不仅关乎社会交流与交往,更与个体高级认知能力的发展以及健全人格的建立息息相关。婴儿时期语言的发展包括语音、词汇以及句子的发展。除了生物因素之外,正常的语言环境对儿童的语言发展起着重要的作用,主要照顾者的言语特征、亲子依恋关系、儿童对成人言语的模仿能力等都影响着儿童语言发展的能力。

三、认知发展

认知发展指的是人类个体的认知在婴儿至青少年时期的发展过程,一般包括个体在感知觉、注意以及思维等认识过程的发展。提到认知发展,我们必然会引出著名心理学家皮亚杰(Jean Paul Piaget,1896—1980)的儿童认知发展阶段理论。他将儿童认知发展过程分为感知运动阶段、前运算阶段、具体运算阶段以及形式运算阶段。在每一阶段内,儿童都有其具体的认知发展任务以及特定的思维特点,随着年龄的增长和心理因素的完善,他们的认知能力逐渐变得全面和成熟。

四、社会化

社会化,在心理学中也叫作社会性发展,指的是个体从自然人成长为社会人的过程,是个体在社会文化背景下,通过与社会文化相互作用,学习掌握知识、技能、语言、规范、价值观等社会行为方式和人格特征,适应社会并作用于社会的全过程。社会化对我们每个人来说至关重要,它是个体融入现实生活的起点,是适应社会生活的必经之路。社会化是儿童期和青春期一项重要任务,从传统意义上来看,社会化主要是指这两个阶段,即成年期以前个体成长、发展为社会人的过程。但是在如今的学术界,我们通常从终身发展观来看待社会化,即将社会化看作是终身发展的过程,伴随着个体的一生。

1. 社会化过程

(1)儿童期。儿童期是个体社会化的初始时期,也是个体最重要的社会化的阶段。儿童期的社会化包括语言的社会化、依恋关系的建立、性别角色社会化、道德社会化和人格社会化等。

对于儿童来说,语言的交流逐渐取代动作的沟通,语言是个体与他人以及社会相互联结的纽带,也是个体更好地掌握社会规范、态度和习俗的载体,所以我们通常视语言社会化为个体社会化的第一步。依恋关系指的是婴儿与母亲(或主要照顾者)之间建立的互相给予支持、安慰和爱的紧密的联结。依恋关系是发展心理学一个至关重要的概念,同时也是个体儿童发展以及终身发展过程中非常重要的行为。个体与母亲(或主要照顾者)之间的依恋关系类型会影响个体社会化的过程,也会影响其在发展过程中与朋友、恋人、整个社会的交往模式。道德社会化是指在社会化过程中个体逐渐习得道德准则并以这些准则指导自己行为的过程。性别角色社会化是个体在社会生活中,学会按自己的性别角色的规范行事的过程。儿童的性别角色社会化主要是通过家庭以及社会的性别期待与认同、模仿等机制实现的。比如,给女孩买洋娃娃、给男孩买汽车模型等。在道德发展理论中,较为著名的有皮亚杰的道德发展理论与科尔伯格的道德推理阶段理论。在发展过程中,儿童对事物的是非判断会逐渐随着年龄增长和社会化程度加深,而凭借不同的标准,这些道德的发展与个体人生观、价值观的形成都是相辅相成的。社会化过程中,人格发展也是不容忽视的一部分。人格与每一个个体的发展关系甚密,它意味着不断建立、改造和完善自我。人格的发展受到生理和认知发展的影响,同时也受到社会文化习俗的制约。埃里克森心理社会发展理论是最为著名的人格发展理论,主要强调社会文化因素在每一发展阶段对自我的影响。在儿童时期,个体在人格发展方面主要处理自身的信任关系,对羞愧、内疚的认识,克服自卑情绪等。

(2)青春期。青春期是一个非常特殊的时期,也是个体社会化发展至关重要的时期。在这个时期内,个体需要处理外在客观世界与内心世界的冲突、对家庭的依赖与对外界探索之间的冲突、同朋辈的交往与父母之间的交往的冲突等。青春期是对儿童社会化发展的完善,也是对扮演未来社会角色所做准备的社会学习过程。在青春期的社会化过程中,有一个非常重要的任务是自我同一性的建立与整合,指的是青春期的个体在这一时期需要确定比较稳定的自我意识,学习社会角色规范以及确立性别角色。需要明晰我是谁、我来自哪里、我将成为谁的问题。

(3)成年期。过去,一般认为到成年期时社会化的任务已经完成,然而今天,我们认为成年期之后,还有漫长的社会化过程。对成年期的个体来说,初级社会化已经完成,已经发展出较为完善和稳定的自我形象,但随着社会外界的变迁以及个体所处位置和角色的改变,仍然有新的任务与角色需要个体去学习和创造。在人的发展过程中，每一次社会角色的改变，均可能会出现自我认同的问题。我们如今经常提到的"中年危机"就是成年期社会化的一个重要节点。

（4）老年期。传统意义上，人们总认为老年期是一个稳定、不变的时期，然而现代科学研究发现，老年期也会发生非常多的态度与行为方面的变化。老年期会面临很多人生课题，例如退休、空巢、丧偶等，这些突发的事件都会对个体的自我认同造成一定程度的威胁，所以这个时期的自我认同的及时调整、自我的重新探索都显得异常重要。直至生命结束，我们每一个个体才算完成自我社会化的漫长、艰辛而有意义的过程。

2. 社会化载体

（1）家庭。家庭是个体出生后所在的第一个群体环境，也是个体社会化最早接触的群体。我们普遍认为童年期是个体社会化的关键时期，而家庭正是童年期社会化最重要的影响因素。从精神分析角度来看，个体成长与社会化主要是通过对父母态度、行为等的内化（introjection）和同化（identification）作用发生、发展的。无论从研究结果来看，还是从我们每个人的实际成长经历来看，父母的言传身教、家庭的亲密关系、亲子关系等，都对儿童的社会化起着关键的作用，其范围可囊括个体的情感、语言、思维、经验、技能、行为等各个方面。所以，家庭在个体社会化中扮演着非常重要的角色，也是最为重要的一个社会化载体。

（2）学校。当儿童进入学龄期之后，学校成为家庭之外的个体最重要的社会化载体。学校是个体社会化从家庭转入社会后所接触的第一个场所。学校为个体提供了更加多元化的互动过程，并且向个体系统地传授知识、经验、技能、传统、价值标准、社会规范等。相比于家庭，学校所提供的社会化方式更具组织性、计划性和系统性。

(3)大众媒介。在当今社会,大众媒介包括广播、电视、影视、报纸、杂志、互联网等,对个体社会化产生的影响越来越大,特别是近几年来高速发展的互联网,在为大众群体提供信息、知识、技能培训等发挥着巨大的作用,同时人们的态度、价值观、行为规范等也越来越多地受到大众传媒的影响。

(4)其他群体。除了上述既定的载体之外,参照群体也在个体社会化中起着重要的作用。其中,同龄群体是个体社会化最为重要的一个参照群体,儿童的态度、价值观、行为、自我评价等受到同龄群体的影响非常大,事实上,不只是儿童阶段,个体在各个年龄阶段的社会化过程中都会受到同龄群体的参照和影响。

第四节 态度与态度转变

大学生小飞(化名)最近上课听讲不太认真,学习成绩也有所下滑,被老师找来了解具体情况。经过交谈,老师认为小飞在学习态度上存在问题,并且表示,如果小飞可以调整自己的学习态度,凭借他的能力,提高成绩完全不成问题。和老师谈话之后,小飞很纳闷,自己从小就被老师、家长说学习态度不好,可是"态度"这个东西到底是什么呢?

从小,也许你就被教育要"端正学习态度",长大后,在很多场合你也可能被要求"表明态度"。你似乎对"态度"这个词已经习以为常,但是,你真的了解态度吗?

一、什么是态度

我们在日常生活中经常接触态度这个词语,它与我们的学习、生活都息息相关。我们常听到,"态度决定一切""态度是成功的基石",那么,从学科角度解释,态度究竟是什么呢?

态度是社会心理学中一个重要的概念。态度指的是个体对特定对象所持有的评价性的、较稳定的内部心理倾向,其中特定对象包括人、事件、观念、情感等。

1. 态度的结构

(1)认知成分。认知成分包括个体对态度对象各个方面的信念,是有关好坏评价的叙述,像我们平时所说的相信、怀疑、赞成、认识、理解等都属于这个范畴。

(2)情感成分。情感成分指的是个体对态度对象的情感体验或情感反应,如喜欢、厌恶等。情感体验一般是建立在认知评价的基础上的,也有可能是建立在并不完整的认知信息基础上的一种模糊的感觉。

(3)行为倾向。行为倾向是个体对态度对象的预备反应,也就是个体对态度对象产生反应行为的准备状态。

2. 态度的特性

(1)社会性。态度是个体在社会生活中经过一些经验的累积而形成的,受到社会环境、人际关系、个人经验的诸多影响,所以态度具有社会性。

(2)具体性。态度的具体性指的是个体产生的态度是针对特定的对象的,特定的对象包括具体的人、事物、情境、观念等。

(3)协调性。如上所述,态度是由认知、情感、行为倾向三个成分构成的,稳定的态度依托于这三者的相互影响、协调一致。

二、态度转变

上文提到,态度是一种稳定的心理倾向,即一经形成,便不易改变。但是,态度转变在现实生活中也经常发生,我们每个人通常都会体验到试图说服他人转变态度的过程,也可能被他人说服改变态度。

1. 态度转变的影响因素

态度转变受传递者、沟通信息、接受者、情境等多重影响。

(1)传递者。传递者的威信、立场、吸引力都会影响态度的转变。传递者的威信越高,态度转变的可能性越大。传递者的立场也决定着态度转变的可能。如果传递者站在自我利益的立场上,则接受者态度转变的可能性会很小,而如果传递者态度比较中立或者更加倾向于他人利益,则会较多影响到态度的转变。具有较高吸引力的传递者也会对态度转变产生比较高的影响,例如商家总喜欢请明星代言就解释了这一点。

(2)沟通信息。沟通信息与原有态度的差异,信息是否唤起人们的畏惧情绪,信息的倾向性,信息的提供方式都会影响到态度转变的程度。沟通信息的影响因素比较复杂并不是一概而论的。比如,对一般群众,单一倾向的信息说服效果比较好,但是对文化水平高的接受者来说,提供正反两方面的信息说服效果比较好。

(3)接受者。接受者的原有态度与信念的特性、人格因素、心情倾向等也都影响着态度的转变。如果你是一个依赖性比较强的人,那么你的态度转变相对来说会比较容易。另外,如果你的某种态度与你稳定的价值观是属于一个体系的,那么这种情况下态度就比较难转变。

(4)情境。态度转变的过程是在一定现实背景下产生的,例如预先的警告、注意是否分散、沟通信息的重复频率都会影响态度的转变。

2. 态度转变的相关理论

(1)学习理论。学习理论认为,人们像获得事实、概念、习惯一样去获得态度。环境刺激会引起情绪反应,情绪和事实的结合会引起态度的改变与发展。

(2)平衡理论。海德(F. Heider, 1958)提出的平衡理论认为在人们的态度系统中,存在某些情感因素和评价因素之间趋于一致的压力,如果出现不平衡,则会倾向于朝平衡转化。在态度转变时,人们往往遵循"费力最小原则",即尽可能少地转变情感因素而维持态度平衡。

(3)强化理论。强化理论强调联想、强化和模仿在态度转变中的作用。这种理论认为,态度是对环境刺激的一种反应,所以就像行为的改变一样,强化也会对态度的转变产生作用。

(4)认知失调理论。费斯廷格(L. Festinger,1957)认为,个体关于自我、环境、态度对象存在很多认知因素,当各认知因素出现不一致的情况时,个体就会产生认知失调。认知失调使个体产生心理压力从而处于负面情绪和紧张状态中。为了缓解紧张状态,个体通过改变态度的某些认知成分,以达到认知协调的平衡状态,即这种理论认为态度的改变是为了维持各认知成分之间的一致程度。

第三章　心理健康、心理障碍与心理咨询

维护身体健康,及时治疗躯体疾病已经成为人们的共识,但对心理健康和心理障碍,很多人却缺乏认识。实际上,了解心理健康常识,学习维护心理健康的方法和技巧,学会应对各种压力和问题,提升心理健康水平同维护身体健康一样重要,也是每一位大学生成长和发展过程中应该面对的一个重要课题。作为心理委员,只有掌握心理健康和心理障碍相关知识,才能及时发现周围同学出现的各种心理问题、心理障碍,并及时帮助他们,介绍他们到学校心理咨询中心寻求专业帮助,使这些同学尽快走出困惑,恢复正常的学习生活。

第一节　心理健康的概念及标准

随着人们对健康理解的深入,全面健康的概念逐渐被大众认可。1948年,世界卫生组织(WHO)成立时在其宪章中指出:"健康是一种生理上、心理上和社会适应上的完好状态,而不仅仅是没有疾病和虚弱的现象。"也就是说,健康包括了身体健康、心理健康和良好的社会适应状态。

一、心理健康的概念

健康是人生最宝贵的财富,在传统意义上,我们认为健康是人体生理功能正常,也就是"无疾病即健康"的观念。1946年,第三届国际心理卫生大会提出,心理健康是指"身体、智力、情绪十分协调;适应环境,在人际交往中能彼此谦让;有幸福感;在工作和职业中能充分发挥自己的能力,过有效率的生活。"国内外许多学者从各自关注的不同角度对

心理健康进行论述,迄今为止,对心理健康还没有一个统一的、公认的定义。有人从心理潜能的角度来理解心理健康,认为心理健康的人能够充分发挥自己的潜能,并能妥善处理和适应人与人、人与环境之间的相互关系;有人认为心理健康是一种持续、积极乐观、富有创造性的心理状态,在这种状态下个体适应良好,具有旺盛的生命活力,在情绪与动机的自我控制等方面达到正常或良好水平。《简明不列颠百科全书》将心理健康解释为:"个体心理在本身及环境条件许可范围内所能达到的最佳状态,但不是十全十美的绝对状态。"我国研究者王书荃认为,心理健康指人的一种较稳定持久的心理功能状态。它是个体在与社会环境相互作用时,主要表现为在人际交往中能否使自己的心态保持平衡,使情绪、需要、认知保持一种稳定状态,并表现出一个真实自我的相对稳定的人格特征。她认为如果用简单的一个词来定义心理健康,就是"和谐"。个体不仅自我感觉良好,与社会发展和谐,发挥最佳的心理效能,而且能进行自我保健,自觉减少行为问题和精神疾病。

我们认为,心理健康是指一种生活适应良好的状态。心理健康包括两层含义:一是无心理疾病,这是心理健康的最基本条件,心理疾病包括各种心理与行为异常的情形;二是具有一种积极发展的心理状态,即能够维持自己的心理健康,主动减少问题行为和解决心理困扰。

二、心理健康的标准

判断心理是否健康需要具体的标准作为依据,不同学者对心理健康具体标准也有许多不同的见解。

不同的年龄阶段有不同的人生任务,因此心理健康的具体标准也应该符合年龄特点,具有动态性。大学生的普遍年龄一般在 18~25 岁,处于青年早期、中期,具有青年早期、中期的共性特点,但是又不完全等同于社会青年,有其发展的特殊性,所以我们认为评判大学生心理健康的标准有以下几点。

1. 情绪健康

情绪健康的标志是情绪稳定和心情愉快。其包括的内容有愉快情绪多于负性情绪,乐观开朗,富有朝气,对生活充满希望;情绪较稳定,善于控制与调节自己的情绪,既能克制,又能合理宣泄;情绪反应与环境相适应。

2. 意志健全

意志是人在完成一种有目的的活动时所进行的选择、决定与执行的心理过程。意志健全者在行动的自觉性、果断性、顽强性和自制力等方面都表现出较高的水平。意志健全的大学生在各种活动中都有自觉的目的性,能适时地做出决定并运用切实有准备的方式解决所遇到的问题,在困难和挫折面前,能采取合理的反应方式,能在行动中控制情绪和言行,而不是盲目行动、畏惧困难、顽固执拗。

3. 人格完整

人格指的是个体比较稳定的心理特征的总和。所谓人格完整,一是人格结构的各要素完整统一;二是具有正确的自我意识,不产生自我同一性混乱,以积极进取的人生观作为人格的核心并以此为中心,把自己的需要、目标和行动统一起来。

4. 自我评价正确

正确的自我评价是大学生心理健康的重要条件。大学生能够自我觉察、自我认定、自我判断和自我评价,做到自知,恰如其分地认识自己,摆正自己的位置,既不以自己在某些方面高于别人而自傲,也不以某些方面低于别人而自惭,能够自我悦纳,喜欢自己,接受自己,自尊、自强、自制、自爱适度,正视现实,积极进取。

5. 人际关系和谐

良好而深厚的人际关系是事业成功与生活幸福的前提。其表现为:乐于与人交往,既有广泛而深厚的人际关系,又有知心朋友;在交往中保持独立而完整的人格,有自知之明,不卑不亢;能客观评价他人和自己,善取人之长补己之短,宽以待人,乐于助人,积极的交往态度多于消极的交往态度,交往动机端正。

6. 社会适应良好

个体与客观现实环境保持良好秩序。做客观观察以取得正确认识,以有效的办法应对环境中的各种困难,不退缩,还能根据环境的特点和自我意识的情况努力进行协调,或改善环境适应个体需要,改造自我适应环境。

7. 心理行为符合大学生的年龄特征

大学生是处于特定年龄阶段的特殊群体,应具有与其年龄和角色相应的心理行为特征。如果一个人的心理和行为与同龄人差别很大,就可能存在某种心理问题。例如,一些大学生毕业后不愿走向社会、不愿工作,成为依赖父母的"啃老族",就是心理不健康的表现。

第二节 心理障碍及其表现

心理障碍指心理活动在不同程度上偏离常态,即心理异常。出现心理障碍时,人的工作、学习效率下降,社会适应不良,主观感觉不好,对工作、学习和生活造成明显影响。心理障碍有广义和狭义的理解,广义的心理障碍指从一般适应问题到精神疾病的不同程度心理和行为异常;狭义的心理障碍是指虽然对学习和生活造成了明显影响,但又未达到心理疾病的状态,是健康完好和心理疾病的中间状态。

一、判断心理障碍的一般原则

根据心理学对心理活动的定义,即"心理是客观现实的反映,是脑的功能",我们通常认为以下三条原则是确定心理正常与异常的依据。

1. 主观世界和客观世界的统一性

心理是客观现实的反映。任何正常心理活动或行为,必须在形式和内容上与客观环境保持一致。不管是谁,也不管是在怎样的社会历史条件和文化背景下,如果一个人说他看到或听到了什么,而客观世界中,当时并不存在引起他这种知觉的刺激物,那么我们可以肯定,这个人的精神活动不正常了,他产生了幻觉。或者,一个人的思维内容脱离现实,或思维逻辑背离客观事物的规定性,我们可以肯定这个人产生了妄想。这些都是我们观察和评价人的精神与行为的关键,即统一性(或同一性)标准。人的精神或行为只要与外界环境失去同一性,必然不能被他人理解。

2. 心理活动的内在协调性

人类精神活动的认知、情绪情感、意志行为应当是一个完整的统一体,各种心理过程之间具有协调一致的关系,保证人在反映客观世界过程中的高度准确和有效。比如,一个人遇到一件令人愉快的事情,会产生愉悦的情绪,眉飞色舞地向别人述说自己内心的体验,这是正常精神和行为的表现,而如果面对痛苦的事情却做出快乐的反应,就表示心理过程失去了协调一致性,称为异常状态。

3. 人格的相对稳定性

每个人都有自己独特的人格心理特征,这种人格特征一旦形成,便具有相对的稳定性。如果在没有明显外部原因的作用下,一个人的人格相对稳定性出现问题,就可能出现异常的心理活动。

二、心理障碍的分类

在专业领域,对心理疾病或严重心理障碍有比较细致的划分,但对轻度和中度的心理障碍,尚没有严格的区分。为了帮助大家了解心理障碍的全貌,我们从其对个人生活和工作的影响程度来对心理障碍做一个粗略的划分。

1. 一般心理问题

人在生活中会遇到来自工作、学习、人际关系等多方面的挑战或压力,还会受到各种挫折、打击,当这些现实刺激强度较小,引起的心理反应较低时,就会出现一般心理问题。例如,大学生入学后学习要求改变,面对新的环境、新的管理模式,许多同学不能很好适应,出现目标缺失、学习效率下降、对自己状态不满意等不良反应,产生郁闷、悲观等不良情绪,便属于一般心理问题。一般心理问题往往有比较明确的客观诱因或现实压力,心理反应与客观诱因联系紧密,对与诱因关系不大的事则不会有明显不良反应,也就是说,情绪和行为反应没有泛化到其他事物上。

一般心理问题给人带来的主观痛苦较小,持续时间相对较短,对学习和生活的影响也较小,而且不管从其产生过程还是结果来看,都是合乎情理的。一般心理问题是大学生活中最普遍、最常见的心理问题。一般心理问题会因为环境中不良刺激减少,及时自我调整,朋友、同学间的帮助等方式得以顺利解决,当然,如果能及时寻求学校心理咨询中心的帮助,会解决得更好、更快。

大学生常见的一般心理问题有学习问题、人际关系问题、性与爱情问题、自我认同问题、择业就业问题等。这些问题在其他各章节里均有深入介绍,这里不再赘述。

2. 严重心理问题

严重心理问题也是由现实刺激引起的,但心理反应较一般心理问题更为强烈,而且情绪和行为反应已经有所泛化,即与现实刺激相关的事物也会引起明显的心理反应。严重心理问题可以从三个方面来衡量:一是从主观痛苦的程度,个体感到明显的焦虑、抑郁或恐惧情绪;二是从持续时间角度,持续时间相对较长,一般在一个月以上;三是从对学习生活的影响程度,个体往往学习效率低下,完成学习任务有困难。

严重心理问题包括焦虑、抑郁、恐惧等不良情绪,退缩、强迫行为,自杀观念和行为,网络成瘾等不良行为,以及失眠、厌食、贪食等生理问题。出现严重心理问题时,个体感觉痛苦,虽进行自我调整,但效果不佳,精神状态不好,学习效率较低,与人交往减少,对个体造成明显影响。

3. 轻度心理疾病

如果心理活动各方面之间的协调性受到影响,心理活动与环境轻度失调,心理活动效率降低,而且达到某一心理疾病的诊断标准,就是轻度心理疾病。轻度心理疾病患者一般生活可以自理,能完成日常生活中各种任务和一般社交活动,但心理障碍对正常生活已造成明显影响,例如神经衰弱的患者感到注意力下降、记忆减退、精神不振,难以胜任学习和工作的要求,学校每年都有因神经衰弱而退学的学生。

轻度心理疾病可能与环境刺激因素有关,但其心理反应在程度上大大超出了人们对这些刺激的正常反应,如恐惧症患者对一般人看来并不可怕的事物非常恐惧,在范围上也明显泛化,对日常生活中的许多问题都有强烈心理反应。轻度心理疾病持续时间较长,一般神经症的诊断标准中病程要求在三个月以上。

与严重心理疾病不同的是,轻度心理疾病在主客观一致性、心理与行为统一性上的偏离程度较轻,对学习、工作和生活的影响较小,对疾病的认识能力一般完整,对自己的心理异常有恰当的认识,能够主动寻求心理治疗或精神医学的医疗帮助。

轻度心理疾病者应接受医院精神科的治疗和指导,并结合心理咨询、心理治疗及日常行为训练和社会适应训练,一般可以得到控制。

4. 严重心理疾病

严重心理疾病是指心理活动的认识、情感、意志各部分严重失调,整体心理活动瓦解,心理和行为与环境明显不协调,符合某一严重精神疾病的诊断标准。严重心理疾病患者的言语行为常人无法理解,不能参与正常的社会活动,无法与人正常交往,必须接受恰当的医疗帮助。精神分裂症、偏执性精神障碍、感应性精神病、分裂情感性精神病、心境障碍等都属于严重心理疾病。轻度心理疾病和严重心理疾病均有严格的疾病分类和诊断标准,目前医学临床使用的诊断标准有:《国际疾病分类第十版》(ICD-10)和美国的《精神障碍诊断与统计手册(第5版)》(DSM-V)。

严重心理疾病患者缺乏对疾病的自知力,不主动就医,需要他人采取一定措施使其配合医疗工作。这类患者需接受系统的精神科治疗,在发病期还应进行必要的监护,以免自杀、自伤或伤人毁物。严重心理疾病如果及时就医,并得到恰当的诊断和治疗,一般可在不同程度上恢复心理社会功能,但如果不及时就医、不遵从医嘱、不配合治疗,则恢复效果可能不好。

以上四种类型问题越是轻微就越常见,对大多数大学生来讲,更多是受前两类的困扰,只有极少数大学生会达到心理疾病的程度。

三、大学生常见异常心理的表现

迈入大学校门对大多数同学来说都是新的起点,但是有不少同学不能适应大学生活,出现一些心理问题,如学习压力、人际关系紧张等。各种心理问题如不能及时有效地解决,就可能导致异常心理,即我们所说的心理疾病。此时,就要接受专业的心理治疗来恢复正常的学习生活状态。大学生常见的异常心理及其表现有以下几种。

1. 抑郁症及其表现

抑郁症是以显著而持久的情感低落为主要特征的一种心境障碍。显著而持久的情绪低落是抑郁症的核心症状。患者终日愁眉苦脸,唉声叹气,常感到郁闷,高兴不起来,甚至悲观绝望,有度日如年、生不如死之感。患者的思维活动受限,反应迟钝,话少,对他人问话无力作答,语速明显减慢,语音低沉;自我评价过低,将所有过错归咎于自己,常产生无用、无助和无价值感;行为缓慢,生活被动、疏懒,常独坐一旁,或整日卧床,回避社交。抑郁症还伴随有失眠、早醒、食欲减退、体重下降等表现。

2. 焦虑症及其表现

焦虑症是一种以焦虑情绪为主的神经症,以广泛和持续性焦虑或反复发作的惊恐不安为主要特征,常伴有自主神经紊乱、肌肉紧张与运动性不安。患者可能出现对外界刺激敏感,不能静坐,不停来回走动,注意力难以集中,搓手顿足,心动过速等症状。

3. 强迫症及其表现

强迫症是以强迫观念、强迫冲动或强迫行为为特征的神经症,存在反复持久的、不能自制的念头、冲动或行为,明知没有必要,却又不能摆脱,因此而烦恼、焦虑。强迫症的表现可分为强迫思维和强迫行为。强迫思维内容多种多样,如反复怀疑门窗是否关紧、碰到脏的东西会不会得病、太阳为什么从东边升起西边落下、站在阳台上就有往下跳的冲动等。强迫行为往往是为了减轻强迫思维产生的焦虑而不得不采取的行动,患者明知是不合理的,但不得不做,比如怀疑门窗是否关紧的患者就会去反复检查门窗确保安全,碰到脏东西怕得病的患者就会反复洗手以保持干净。

4. 神经衰弱及其表现

神经衰弱以精神易兴奋却又易疲劳为特征,常伴有紧张、烦恼、易激惹等情绪症状,以及肌肉紧张性疼痛、睡眠障碍等生理功能紊乱症状,而这些症状不能归因于脑、躯体疾病及其他精神疾病。如有些患者会有"头部有一个紧箍咒"、头脑发胀、入睡困难、易惊醒、多梦、睡觉不解乏等表现。

5. 精神分裂症及其表现

精神分裂症是一种常见的重度精神疾病,患者存在个性改变,思维、情感、行为等多种异常;精神活动与环境不协调,难以正常地参加工作和学习;会出现幻觉、妄想的表现,无客观诱因地听见有人在说话,妄想周围的人和事都与自己有关,或者坚信有人要害他;且常伴随思维活动缺乏连贯性和逻辑性,情感反应和思维内容与外界刺激不符,有明显的意志减退行为。

对上述几类大学生常见的异常心理,应以预防为主。每一位班级心理委员在日常生活学习中,要多注意观察,发现有疑似上述表现的同学,应立即联系辅导员或心理咨询中心,尽快安排其就医,在药物治疗的同时给予心理干预并争取有效的社会支持,一般都可取得较好的疗效。

第三节　认识心理咨询

心理咨询是一个助人自助的过程,咨询师向来访者提供一个支持性的环境,通过运用专业知识与技能,以及与来访者建立一个良好的互动关系,帮助来访者发现其自身的潜能,让来访者在今后生活中学会自助,以提高对生活的适应能力。心理咨询可以帮助同学纠正错误认识,调节不良情绪和行为,提高工作、学习效率,提升自我认同度和幸福感。

一、心理咨询的对象

任何人都有可能出现心理困惑,也都可以成为心理咨询的服务对象。具体来说,心理咨询的主要对象可分为三类。

(1)精神正常,但遇到了与心理有关的现实问题,如择业求学、社会适应等,并请求帮助的人群。大学生面对上述自我发展问题时,寻求帮助的咨询称为发展性咨询,绝大多数在校大学生的咨询属于发展性咨询。

(2)精神正常,但心理健康出现问题并请求帮助的人群。这些人往往长期处于困惑、内心冲突之中,或者遭到比较严重的心理创伤而失去心理平衡,心理健康遭到不同程度的破坏。尽管他们的精神仍然是正常的,但心理健康水平却下降许多,出现了严重程度不同的心理问题,甚至达到"可疑神经症"的状态。这时,心理咨询师所提供的咨询,叫作心理健康咨询。

(3) 临床治愈的精神病患者。心理咨询的对象不包括精神疾病患者,但是对经过治疗,心理活动基本恢复正常的患者进行心理咨询,可以帮助他们恢复社会功能、防止疾病复发。同时,对临床治愈的精神病患者进行心理咨询和治疗时,必须严格限制在一定条件之内,通常必须与精神科医生协同工作。

二、心理咨询的主要形式

根据一次接受咨询人数的多少,心理咨询可以分为个别心理咨询和团体心理咨询。

1. 个别心理咨询

个别心理咨询是心理咨询师通过与来访学生一对一的沟通互动来实现的专业助人活动,这是维护和增进学生心理健康的有效手段之一。心理咨询师使用心理咨询的方法,并结合心理测量的技术,帮助学生认识到自己目前的问题所在,宣泄疏导学生的情感,缓解其情绪压力,协助其改善认知结构,使学生树立对人、对己、对周围环境和事物的正确观念和态度,建立和谐的人际关系,培养良好的社会适应能力和行为习惯。

2. 团体心理咨询

团体心理咨询也叫团体心理辅导,是在团体情境中提供心理帮助与指导的一种心理辅导形式。它通过团体内的人际交互作用,促使个体在交往中通过观察、学习、体验,认识自我、探讨自我、接纳自我的过程,调整改善与他人的关系,学习新的态度和行为方式,以发展助人和自助的能力。团体心理辅导通常由一至两名团体辅导老师主持,团体成员根据问题的相似性和不同性组成三至五人、十几人或者几十人的辅导小组。团体通过几次或十几次团体活动,使成员之间就共同关心的问题进行互相讨论、交流、启发、激励,进而在分析和了解自己的心理行为反应的同时也观察、学习他人的心理行为反应,起到发掘学生个人潜能,培养学生的自我接纳和自我关注能力,促进学生个人成长等作用。

三、心理咨询的基本原则

心理咨询是一项专业性很强的职业活动。心理咨询师是经过正规培训具备执业资格的专业人员,在恪守职业道德的基础上,按照一定的规范和原则进行咨询。心理咨询的基本原则指在心理咨询中对咨询师的基本要求,主要包括以下几个方面。

1. 保密原则

为求助者保密是心理咨询的一个基本原则。心理咨询中可能涉及个人隐私,保密是对求助者的基本尊重,是建立信任咨询关系的基础。保密原则要求心理咨询师不向他人泄露咨询内容和求助者隐私,严格保管案例记录和心理测验报告,进行案例分析或教学科研时应隐去可以识别求助者身份的个人信息。但如果在咨询中出现伤害自己或他人的可能,则不受保密原则限制,咨询师应及时告知有关人员,避免出现恶性事件。

2. 价值中立原则

保持价值中立是心理咨询的另一个重要原则。基于不同的成长经历和现实环境,每一个人都形成了自己的价值观念体系,各种价值观念没有绝对的对与错,除了部分会危害他人和社会的价值观念外,大多数价值观念都是可以被社会容纳的。咨询师应尊重求助者的价值观,抱着宽容和接纳的态度对待不同的价值观。保持中立的价值观才能避免咨询中的对立和冲突,才能建立良好的咨询关系,保证咨询效果。

3. 平等原则

咨询师和求助者是平等的,应相互尊重。双方不仅在人格上平等,而且在解决心理问题的重要性上也是平等的,无论咨询师的水平多高,都需要求助者本人的理解和认可，咨询指导才会得到实施，改变才会发生。平等原则要求咨询师不能高高在上、摆架子、歧视求助者，而要尊重求助者，多倾听他们的问题和意愿，在与求助者充分协商的前提下开展咨询。

4. 助人自助原则

心理咨询要帮助求助者解决心理问题，但咨询是在咨询师的引导下，求助者不断自我发现、自我调整和自我完善的过程。求助者是咨询的主体，是问题的承担者和改变的责任者。助人自助原则要求咨询师在咨询过程中要帮助求助者学会自己帮助自己，也就是要"授人以渔"，而不是"授人以鱼"，所以在咨询过程中，咨询师不能给予求助者解决问题的具体措施，而是要帮助求助者分析、澄清问题，让求助者自己发现解决问题的具体方法，以免求助者对咨询师形成依赖。

5. 关系单一原则

良好的咨询关系是心理咨询的基础。在心理咨询职业道德和咨询对象求助意愿两方面共同作用下，心理咨询能够在最短的时间里建立较为深入的人际关系，但如果除了咨询关系以外，还有别的人际关系，就会妨碍良好咨询关系的建立。关系单一原则有两点要求：一是如果原来存在其他人际关系，比如同学、朋友关系，就不要再建立咨询关系，可向别的咨询师咨询；二是咨询师与求助者不能建立其他关系。咨询关系的单一性可以打消求助者在咨询中的顾虑，增加咨询师的可信度和权威性，有利于咨询的进展。

四、心理咨询的一般过程

心理咨询工作不是随意的，而是按一定规范进行的有序操作，其主要过程大致可分为以下几个部分。

1. 开始阶段

开始阶段是心理咨询的第一步，是整个心理咨询的基础。开始阶段需要完成的任务有三项,即建立咨询关系、掌握来访者的资料及进行分析与诊断。

(1)建立咨询关系。咨询师与来访者必须建立起信任、真诚、接纳的咨询关系。这是心理咨询的起点和基础。这种关系有助于咨询师了解来访者的真实情况,准确确定咨询目标并有效达到目标;对来访者而言,基于这种积极的关系,才会与咨询师积极合作,对心理咨询抱有热情和信心,从而有助于增强咨询效果。此外,这种积极的关系也给来访者提供了一种良好的人际关系的范例,使其能在咨询环境之外加以运用,提高人际交往的能力。

(2)掌握来访者的资料。心理咨询师收集与来访者有关的姓名、年龄、班级、家庭及社会生活背景、自身的生活经历、兴趣爱好、学习生活近况及有无心理咨询经验等基本情况,通过会谈、观察、倾听、心理测验等方式,了解对方的基本情况及存在的心理问题。认识来访者的心理问题是确定心理咨询目标的基础。这一般比收集基本情况要复杂得多,因为来访者一般心存顾虑,往往不愿直截了当地把面临的心理问题如实暴露出来,或是他们自己也弄不清问题的实质,只是感觉困扰,希望改变现状。

(3)进行分析、诊断。在收集资料的同时,分析、诊断就已相伴出现。分析、诊断是在收集资料的基础上,进一步明确心理问题的实质、程度及原因,并对其做出正确的评估。分析、诊断过程包括确定心理问题的类型及性质,分析心理问题的程度,寻找心理问题产生的原因等。

2. 指导与帮助阶段

指导与帮助阶段是咨询改变的重要环节,这一阶段有三项主要任务:制订咨询目标、选择咨询方案、实施指导与帮助。

(1)制订咨询目标。心理咨询的目标就是心理咨询所追求的结果与所要达到的目的。制订咨询目标在于它不但能使咨询双方都清楚地意识到努力的方向,从而制订咨询实施方案,而且通过咨询目标,来访者可以清楚地看到自己的变化,从而认识到心理咨询在自我成长中所发挥的作用,因而能使心理咨询效果评估成为可能。

　　制订咨询目标,首先,必须要咨询师和来访者共同配合、互相交流并最终达成一致,这样的咨询目标才比较客观、真实,才能使双方共同努力去实现。其次,所指定的咨询目标应该具有针对性,即解决心理问题,而不是其他问题。最后,一定要确保咨询目标具体、可行。来访者的表述有时比较具体、明确,如考试焦虑、失眠问题等,但有时比较笼统、抽象,如希望有较强的学习能力、善于交往等。这样的目标由于大而空泛,既难以操作、落实,又无从对咨询效果进行评估,因此心理咨询很难进行。这就需要咨询双方经过商讨,共同将抽象的目标具体化、模糊的目标清晰化。

　　(2)制订咨询方案。咨询方案包括咨询方法的选定以及为实施这些方法而制订的具体计划。解决来访者心理问题的方法是多种多样的,有许多咨询方法可供利用,每种咨询方法对解决心理问题均有一定的针对性,并有其相应的实施过程。选择咨询方案,首先要根据心理咨询的目标,选取相应的咨询方法,然后按其实施过程的要求制订具体操作计划。

　　(3)实施指导与帮助。不同的咨询方法有不同的指导要求与做法。可灵活运用鼓励、指导与解释,对来访者的积极方面给予真诚的表扬、鼓励和支持,增强来访者的自信心,促进其积极行为的增强;可以直接指导来访者做某件事、说某些话,或以某种方式行动;可以通过解释,使来访者从一个全新、全面的角度面对自己的问题,重新认识自己及周围的环境,从而提高认识能力,促进其人格的完善和问题的解决。

3. 巩固和结束阶段

　　巩固已取得的咨询效果是结束咨询之前必须完成的一项任务。在这一阶段,咨询师的主要工作是:第一,向来访者指出其已经取得的进步与成绩,说明已基本达到既定的咨询目标;第二,引导来访者就其心理问题和咨询过程进行回顾总结;第三,指导来访者巩固已有的进步,将获得的经验运用到日常生活中去,并逐步稳定、内化为来访者的观念、行为方式和能力,使之能独立有效地适应环境。

在整个咨询过程即将结束之前,应让来访者明白咨询关系即将终止,从而使其对结束和结束后的生活有心理准备。为此,必须向来访者说明其心理问题已基本得到解决。通过咨询,来访者获得了经验,增强了能力,已经能够应付生活环境,继续保持咨询关系将不利于其成长。同时,如有必要,心理咨询机构还会再次给予其关心和帮助。向来访者说明结束咨询时,应尽可能以交谈的方式进行,暗示来访者结束咨询是件自然、平常的事情。

五、影响咨询效果的因素

心理咨询效果的评价大多没有固定的定性和定量指标作为衡量标准,尽管有的部分可采用心理测验的方式,但在咨询实践中的应用却不够普遍。这就导致评估心理咨询效果主要凭心理感受,咨询师和来访者双方将咨询前后的状况比较后,通过主观心理感受和反馈信息得出评价结论。事实上影响这一主观标准的因素众多,有的是不可控的,因此心理咨询生效并非会使来访者都满意而归。来访者要懂得心理咨询不是万能的、包罗万象的,它对咨询对象是有一定选择的,就是说有些心理问题适合咨询解决,还有一些心理问题不适合心理咨询。在实际工作中,以下一些因素都会对心理咨询效果产生影响,只是程度不同而已。

(1)教育水平。一般而言,文化程度高的人对心理咨询师的分析、推理、假设、对策等理解力强,认知调整快,自然效果就好;而文化程度低者,理解能力差些,这就要求咨询师使用简明通俗的语言、生动形象的解释,借此来提高心理咨询的效果。

(2)个性因素。在性格特征中内省力强的人,乐意接受他人劝导和帮助,并勇于剖析自我,发现自身的不足,凭借自身的力量改变自己,咨询效果好。悟性高的人听了他人见解也能悟出其中奥妙,且感受深刻、变化显著,他人之助会成为自助的有力武器,也会有良好的咨询效果。心理咨询师与来访者相互接受、相互容纳的程度高、匹配性好,有助于咨询效果的增强。如双方性格、气质有相似之点,感情表达、行为方式有相近之处等,都会因心理距离较近、互动良好而增强咨询的效果。有人格障碍的人会阻碍咨询关系的建立,这对心理咨询的效果会有影响。通常情况下,人格障碍难以矫正。

(3)内容因素。心理咨询内容如情绪、情感问题,学习发展问题,婚恋家庭问题,心理教育问题,适应不良等适合用心理咨询的方式解决;而神经症、精神分裂症等精神疾病,则必须接受药物治疗。

(4)年龄因素。青年来访者的咨询效果显著,与其接受新事物快、认知能力强、表达能力强不无关系。儿童、幼儿尚不成熟,认知能力有限,心理咨询难以奏效。老年人认知能力开始减退,加之阅历深、经验丰富,多表现为固执己见,心理咨询的效果也会打折扣。

(5)动机因素。来访者有较强的心理需求,求助心理咨询师的动机明确,就能积极配合,咨询效果会增强;无动机而在家长逼迫下勉强进行的咨询,或动机不纯、只图求得安慰和支持的咨询是不会有什么明显效果的。

(6)表达与理解能力。健谈、乐于沟通、交流能力强的来访者,能够清楚明白地表达自己的问题,有助于咨询效果的提高。那些心情抑郁、不善言辞、胆怯、孤僻的人,经常会出现"挤牙膏"式的面谈,咨询效果就会减弱。

(7)意志因素。意志力坚强的来访者,明确了问题的肯綮,会幡然醒悟,以坚定不移的毅力矫正存在的问题,这是一种咨询增效的品质特征。意志力薄弱者,则对问题的调整难以下决心,往往"三天打鱼,两天晒网"难以坚持,甚至导致有效的咨询"流产"。

(8)信任因素。咨访关系是一种互相信任的关系,信任才能达到和谐状态。来访者信任咨询师所采用的理论、方法、技巧是实用的、有效的,就能取得良好的效果。如果来访者持以怀疑、试探、观望的态度,是不会取得良好咨询效果的。

(9)咨询期望。咨询问题的性质和程度不同,所需时间及可能达到的效果也有不同。期望一次咨询解决所有的问题是不实际的,期望所有的问题都通过心理咨询来解决也是不现实的。有的来访者往往操之过急、缺乏耐心等待,过早地对这一渐进的过程画上句号。

(10)社会支持。对来访者来说,外部支持系统很重要。有一批与人为善、热心帮助、同情关注的亲属、朋友、同事、邻里等都会促进其成长,相反,社会支持系统缺失会对咨询的效果起到减损作用。

(11)咨询师因素。心理咨询师的职业道德、工作态度、理论修养、专业技巧、思维方式、信息收集等都会不同程度地影响咨询效果。

综上所述,并非所有人都适合做心理咨询,也不是所有的问题都能通过心理咨询解决。心理咨询有严格的适用范围,只有正确认识咨询的作用,尽力排除影响心理咨询效果的一些干扰因素,才能使咨询效果达到最佳。

第四章 人际沟通技术

高校心理委员是大学生朋辈心理辅导的主力军。朋辈心理辅导不是简单的批评说教,而是从关心同学的角度出发,运用心理学知识,针对同学的心理矛盾给予解惑或解释,使同学学会和掌握处理问题的方法,从而解除心理困扰,提高自身心理素质的过程。这就需要心理委员熟练地掌握人际沟通技术,为大学生朋辈心理辅导打下坚实的基础。

第一节 良好的态度

在开始朋辈心理辅导之前,心理委员自身首先要形成一种积极的沟通态度,这样才有助于对方敞开心扉,对心理委员产生安全感和信任感,促进良好咨询关系的建立。

一、尊重

尊重指助人者要能无条件地接受同学的价值观、人格和习惯等,给同学创造一个安全、温暖、被理解、被接纳的氛围。

尊重意味着完整地接纳同学,不但要接受他的优点,而且要容忍他的缺点,接纳和理解其价值观中与自己有分歧的部分。尊重还意味着心理委员与同学之间要平等交流,真诚地对待同学,不因同学的身份、外貌等而区别对待,更不能对同学产生歧视。

艾维(Ivy)认为有两种传达尊重的方法:一是对同学某些反应给予肯定和赞赏,如"你的领悟力很好",或"你的这些做法很好"等;二是欣赏不同意见,对同学不同于自己的观点、看法等表示理解与宽容,如"虽然我不同意你的做法,但我能理解你为什么这样做",或"我也许不赞成你这样处理这件事,但是我认为你有权利采取这种做法"等。

二、热情

热情是一种关怀,是指心理委员要给同学一种温暖的感觉,是对同学真正关心、理解的结果,是通过表情、动作和语气等表露出来的。通过和心理委员的交谈,同学能够体会到一种春天般的温暖和亲人般的关怀。热情体现了心理委员对同学的主观态度,不是能用言语表达出来的,需要借助非言语途径来实现。

热情是心理委员的必备特质。缺乏热情的心理委员是不可能与同学建立良好助人关系的,也不大可能会有什么好的助人效果。所以,心理委员要有较强的自我觉察能力,无论是在助人过程中,还是在日常生活中,都要觉察自己对人的态度,培养自己的人文关怀精神。在助人过程中,心理委员更应该表现出热情、温暖的态度。

当同学遇到心理困惑,开始和心理委员交谈的时候,往往会感到不安、疑虑和紧张,这时心理委员的温暖和热情往往能减轻对方的焦虑情绪,使其感到被接纳、被尊重。谈话开始后,心理委员就要全神贯注,适度运用倾听技巧,通过自己的非言语信息表达自己的温暖。在倾听时,心理委员要富有耐心、充满关切;在运用影响技巧时,要循循善诱、不厌其烦。在谈话结束时,心理委员可以说一些鼓励的话,让同学感受到温暖和关怀。当然,热情也要有限度,做作、不自然,过分和夸张的热情同样会让同学不知所措、心存疑虑,不敢敞开心扉交流。

总之,温暖总是流露在举手投足、一言一行中。只有那些真正对同学充满爱心的心理委员,才能自然地表现出热情和温暖来。

三、真诚

真诚是指心理委员在助人过程中"做真实的自己",没有防御式的伪装,不去取悦对方,不戴假面具,不回避自己的缺点和失误,做到言行一致、表里如一。

真诚在助人过程中具有重要意义。一方面,人际交往讲究对等原则,助人者的真诚可信能让同学感到自己被尊重、被接纳。这样,同学往往就比较容易袒露自己的思想和情感,与助人者建立良好的关系;另一方面,助人者的真诚能对同学起到榜样和示范的作用,促使同学以真诚、坦率的态度对待助人者和他人。

心理委员在和同学交流的时候,真诚是起码的要求。如果心理委员故作姿态、缺乏诚意、表里不一,他迟早会失去同学的信任,不可能顺利地完成助人工作。心理委员关心、帮助同学,要自然、诚恳,不能以专家、权威自居,不能戴着假面具。当然,真诚也不等于想说什么就说什么。

在表达真诚时,心理委员要以不损害助人关系、不伤害同学感情为原则。比如,不能说:"你这人真没记性!""你的这种行为太自私了,谁愿意和你做朋友啊?"。即使同学就是这样,这也确实是你真实的感受,也不宜这样表达,可换成:"可能我当时没讲清楚,让我们再回顾一下。""我不赞成你的这种做法,你是否想过自己有时可能没有顾及别人的感受呢?"。这样婉转的说法,既能达到启发同学的目的,又不会伤及同学的自尊。另外,心理委员还要注意不能把谈话的中心转移到自我表白上,而忽略了倾听。有的心理委员恨不得把自己的心都掏出来让同学看看,真诚过头、热情过度,结果往往也会让同学不知所措。

第二节 共情与积极关注

一个合格的心理委员不仅需要对自身的态度提出高要求,还需具备一些心理咨询师所具有的特质,从一个积极、正向的角度去看待班级同学想要倾诉的心情和内容,这样才有助于心理委员更快地与同学建立关系,达到为同学消除心理困扰的目的。

一、共情

共情被认为是助人关系建立的首要因素,是助人者必须具备的基本特质。按照心理学家卡尔·罗杰斯的观点,共情就是体验别人内心世界的态度和能力,"感受同学和私人世界,就好像那是你自己的世界一样,但又绝未失去'好像'这一品质"。

这与我们平常所说的"同情"是不同的概念。所谓"同情",只是涉及对对方的物质帮助与感情抚慰,而"共情"则是进入对方个人精神领域,并能理解这个精神世界,而不论这期间能否对对方有物质帮助或感情抚慰。这种"共情"意味着心理委员时时刻刻都应该非常敏感,对前来寻求帮助的每一位同学都能保持这种敏感,变换自己的体验。

1. 共情的步骤

一般认为,共情包括了三个步骤。

第一,助人者从同学的参考体系出发,深入对方内心去体验他的情感和思想。

第二,助人者借助自己的知识与经验,对同学的问题做一个整体性考虑,以掌握其实质。

第三,助人者以言语准确地表达对同学内心感受的理解,引导同学对其感受做进一步的思考,并留意对方的反馈。

共情是助人者对待同学的一种态度,它向同学传达出这样的信息:我很关心、理解你,希望走进你的心里。类似于人们经常说的"懂你"。共情还是一种能力。很少有人天生就有很高的共情能力,大多数人的共情能力需要经过一定的训练和实践,才能不断提高。

在实际的助人过程中,不同的助人者表达共情的水平会有高低的差异,所产生的效果也大相径庭。共情分为两种类型:一种是初级共情,主要运用倾听技巧;另一种是高级准确的共情,不仅使用倾听技巧,还要经常使用一些影响性技巧。

以下是具体案例：

有位大四学生因为最近女朋友不太搭理他了，心里苦闷，来寻求辅导。"我也知道时间很紧，要准备复习考研，但是我害怕这样下去会失去她。"

（初级共情）助人者：我理解你的心情，你不知道她是否还会爱你，你有点害怕失去她。

（高级准确的共情）助人者：我能理解你的矛盾心理。考研一天天临近，你想要专注投入地去学习，但是你不能确认这样下去女友会不会继续爱你，你害怕失去她。你感到不好选择，好像有点患得患失，不知下一步该如何去做。

在初级共情反应中，助人者主要运用内容反应技巧，没有添加自己的评价。在高级准确的共情水平上，助人者不仅设身处地地表明了自己的态度，还加进了自己的理解，点出同学没有清楚表达的意思，引导谈话的方向，使其思维不再停留在原先的水平上。

要达到充分的共情，心理委员就要放下自己的参照标准和价值判断，深入对方的内心世界，体察其情绪感受，不仅要听懂对方谈话中的字面意思，还要探究其言外之意。很多心理委员在助人的时候，喜欢讲大道理，或者做出一些虚假的保证，如"天无绝人之路，你一定会好起来的"，类似这样的话在同学听来只是苍白的安慰，觉得心理委员没有真正理解自己。所以，心理委员要学会换位思考、换位体验，而不是以自己的经验和价值观去猜测、评判。此外，助人者还要有较强的观察能力和准确的表达能力，能准确地捕捉同学的情绪感受，并用合适的词语表达出来。

2. 共情能力的培养

共情能力的培养需要经过一定的训练和大量的实践，才能掌握。心理委员在培训中，需要反复操练，例如可以通过角色扮演、模拟咨询等方式进行训练。以下是穆哥特伊德(S. Murgatroyd)关于提高共情水平的实践建议：

(1)与其他人,如工作和生活中的朋友、亲戚、家人一起练习对对方谈话的理解,试着把他们所说的话的意思讲明白,检查一下你是否理解了其中的含义。

(2)试着去想象在各种各样的情景下,你所需要帮助的那些人对你讲述的他们的事情,要想象你就好像是电视录像机,试着把他们的经历用准确的图像在你脑海中显示出来。

(3)如果你不能运用视觉的思维,那么就在想象中运用你正在读的一本小说中的某些关键词来代替——用你所能想到的所有词汇来描述这个人和他对你讲述的各种情景。

(4)努力使自己有关情绪方面的词汇变得更为丰富,应用字典、小说、电影或其他材料,以便你能说出任意一种感情像什么一样。

二、积极关注

积极关注是指助人者以积极的态度看待同学,并有选择地注意同学言语和行为中的积极方面,利用其自身的积极因素,使同学拥有正向的、积极的价值观。

要做到积极关注,心理委员需要不断地挖掘和发现同学身上的积极因素,但是也要对同学有客观的认识、保持坦诚的态度,实事求是地对待同学。积极关注不是要无中生有地创造优点,而是指出同学身上已经存在的优点,是"发现",而不是"发明"。在具体的助人过程中,心理委员要避免盲目乐观,泛泛而谈,大事化小,小事化了。有的心理委员习惯向同学做出保证："没有什么大不了的,很快就会好的!"他们不去关注具体的问题,不去深入理解同学的心理感受,这就和一般朋友间的聊天没多大区别。

以下是具体案例(钱铭怡摘自《心理咨询与心理治疗》,北京大学出

版社,1994,第 234－235 页):

一个女大学生为体育课测试要当着大家的面做一个动作练习而感到非常紧张,而且她的同伴也看出来了,对她说:"你怎么那么紧张呀?"她说:"别人都看出来了,看出我紧张得不行。我难受极了。想到平时别人对我的好印象都会因为这件事情而改变,想到同伴会和别人说,想到同宿舍的人都会知道,全班人也会知道,我真觉得太难堪了!以后还怎么做人哪……"

心理委员:"这的确是一件让人觉得难堪的事情。但尽管如此,你还是完成了那些动作,并且通过了测试。而且你努力想使自己平静下来……"

在这个案例中,女大学生感觉自己一无是处,全完了。心理委员体会到了这一点,但他并不完全同意该同学的看法,他看到了该同学在此事中积极的一面。心理委员所看到的积极方面,不是凭空臆想出来的,也不是与此事无关、不着边际的方面,而是那些蕴涵在此事之中、存在于该同学本身的积极因素。在助人的过程中,常常会遇到这类情况,特别是当碰到某些对自己感到失望的人时,往往他们的意识范围会变得狭小,只看到自己的不足,看不到成绩和希望,他们会把芝麻大的失误看作西瓜一样大。此时,心理委员的积极关注无疑会扩大其视角,是帮助他们重新打开希望之门的良好开端。

当然,悲观更不可取。有的心理委员容易受同学的影响,看到同学出现糟糕的问题时,自己也变得消极悲观起来。比如会说:"你现在的状况确实很糟糕,而且好像短时间内也很难好起来。"这样的话语会让同学越来越感到自己没有希望,强化了同学对自己的悲观认识。助人的目的是给同学以支持、鼓励和帮助,让其负面情绪得到宣泄,早日恢复心理健康。如果心理委员给予对方消极暗示,只会雪上加霜,使问题变得更加严重。因此,心理委员应以积极的、发展的态度来看待同学,在实事求是的原则下,挖掘同学身上的闪光点。

第三节 倾听与询问

良好的态度与特质是心理委员建立辅导关系的基础,而倾听和询问则是在了解对方问题之时最重要的沟通技巧,熟练运用"倾听"和"询问"能够帮助心理委员更快明确和聚焦对方的心理问题。

一、倾听

心理辅导本质上也是一种人际沟通,将信息传递给对方,并期望对方做出相应反应效果的过程,是一种有意义的互动历程。

1. 什么是倾听

倾听是指心理委员全神贯注地听取同学对问题的叙述,它能使心理委员了解同学的情况,发现同学的心理困惑和问题,同时也有助于同学的情绪得到释放,从而对心理委员产生信任感。因此,倾听不仅仅是用耳朵去感知同学所讲的内容,更重要的是要用心去发现和探索,既要听懂同学所说的事实内容、情绪表现及所持的态度,还要听出同学的话外音和潜台词。

2. 如何倾听

我们每个人都有一对耳朵和一张嘴巴,意思就是要我们多听少说。在沟通的初期和中期,倾听是心理沟通的基本要求。倾听包括身体的专注和心理的专注。

身体的专注是指在沟通过程中,心理委员透过身体姿势,传递出对同学的关心,表现出兴趣、愿意听,并做到耐心、全神贯注地听。在倾听时,心理委员的身体要面对同学,身体放松,稍微倾向同学,与同学有良好的目光接触,还要有关切诚恳的表情。此外,还需要配以"嗯""啊""哦"等语气词,以表现出心理委员对同学问题的关注。

心理的关注则指心理委员不仅要听到同学的言语内容,而且要注意语音、语调的变化以及非言语行为,从而做出完整的判断。这要求心理委员深入同学的问题中去,细心观察他的所言所行,注意他如何表现自己的困惑,如何谈论自己与他人的关系,以及如何对遇到的问题做出的反应。

3.倾听的注意事项

(1)避免不良的倾听。倾听一般分为五个层次:第一层是根本不听,例如妈妈的唠叨;第二层是假装在听,内心想着要辩解,例如他人无端的批评;第三层是有选择地听,例如聊天、报告等;第四层是全神贯注地听,又叫聆听,例如专注地听课等;第五层是最高境界倾听,即用心去听,这是期待心理委员掌握的倾听,是最有效的倾听。

在心理沟通过程中,心理委员要避免不良倾听:第一,评判式与过滤式倾听。心理委员倾听时按照好与坏、可接受与不可接受的标准对内容加以评判;或者以不同文化背景、宗教信仰和生活风格等过滤式倾听。第二,不健全或同情性倾听。心理委员对于那些不满足自我需要的或对自己构成威胁的声音加以排斥;或者因为同情深深陷入同学的情绪中。第三,分心式与不充分倾听。心理委员不善于透过现象看本质,不能把握问题的真相,在同学陈述时,不断插话,导致同学不能充分叙述。

(2)不要急于下结论。在真正了解同学的问题实质之前,心理委员不能下结论和提供指导性意见。

例如:

同学:我怀疑舍友小佳把我的秘密说出去了,不过我不能完全确定……

心理委员:我看肯定是她干的,以后就当普通同学吧,有秘密千万不能让她知道啊!

在这个案例中,心理委员不顾同学的感受和想法,便草率地做出结论,这是不负责任的表现。同时,也会使同学感到心理委员没有耐心听自己的述说,会因为被打断而扫兴,从而影响沟通的进行。另外,由于倾听不够,心理委员对同学的问题缺乏全面和正确的把握,会影响沟通的针对性和有效性。

在倾听时,心理委员还要帮助同学澄清所表达的意思,以获得更多信息。

例如:

同学:我在班级里没有朋友,没有人喜欢我。

心理委员:你说的"朋友"指的是什么样的朋友呢?

(3)不要以自我为标准。同学:我家的小狗死了,我们全家都很难过、伤心。心理委员:啊!不就是小狗嘛,至于全家都难过?同学:你没养过狗,根本不了解我们的感受,小狗跟我们生活了5年了,已经有了很深的感情,现在它死了,我们就像失去亲人一样。

案例中心理委员缺乏同感,没有站在同学的角度,而是认为他的问题是小题大做,自寻烦恼。有时候同学的问题在他人看来没什么大不了的,但对同学而言却是一个令他困扰的难题。心理委员要有同感的态度,充分地理解同学心理问题的实质,然后去帮助同学转变思维和观念。

(4)不做道德或正确性评价。对同学的所言所行,心理委员要给予无条件地接纳,不做道德或正确性评价。比如,"这件事情明明是你错了,你怎么还说是别人的问题""你这种想法很显然不符合当今社会道德"等,这些评价都是不恰当的。

心理委员:你认为自己成绩好,能力又强,所以很多同学内心嫉妒你,在班级工作中不支持你,故意与你作对,是这样吗?

同学:就是这样的,哼!

心理委员:哦,那会不会有其他原因呢?上次学校举行演讲比赛,你动员大家参赛,好像有很多同学挺不开心的。你还记得吗?

同学:嗯,当然记得。那次我说话有点重了,不过我是为班级着想的啊!

同学是来寻求帮助的,因此心理委员不要在同学叙述问题的时候打断他,应尽量改用其他方式来帮助同学进行问题分析,引导同学自己进行评价,而不是将心理委员的价值观、是非标准强加于同学。

二、询问

询问是心理委员为了帮助同学更好地思考、认识和具体地表达问题,在必要情况下,配合同学的话题,提出相关问题来询问同学。在朋辈心理咨询过程中,心理委员适当的询问可以在短时间内获得尽量多的信息,控制谈话的主题、节奏,并协助同学觉察自己的感觉和想法。

1. 如何提问

提问有两种方式:一种是开放式提问,一种是封闭式提问。

开放式提问是用"是什么""为什么""怎么样"等词语向同学询问,但这类提问没有固定答案,允许同学自由表述。例如:"你和父母的关系怎么样?""这次考试的情况如何?"需要同学以较详细的语言来回答,因此开放式提问具有交谈自由、信息量大的特点。它有利于引导同学对某些问题进行慎重的思考和表达,有助于心理委员深入了解和掌握情况。

封闭式提问是用"是不是""对不对""有没有"等词语提问,有相对固定的答案。例如:"你现在的心情很差,是吗?""你想不想解决目前的问题?"这样的问题有助于缩小讨论范围,帮助同学集中注意某个主要问题。

在实际的沟通过程中,心理委员应当将两种提问方式结合起来使用。因为开放式提问虽然信息量很大,但是使用过多时很容易使同学叙述时间过长、讲话内容太分散或者偏离主题,这时候可以用封闭式提问缩小交谈范围,使话题集中到主题上来。过多使用封闭式提问,也会剥夺同学充分表达自己的机会。因此,心理委员应根据沟通的实际情况,适当使用两种提问方式。

2. 注意事项

在朋辈心理辅导的三个不同阶段,根据沟通内容的不同,提问的方式和内容也要有所区别。

(1)在初步了解情况阶段,提问要有助于同学放松自己,从而引出问题,摸清情况。

同学:我再也不想参加社团面试了,就是不参加社团,我的能力一样能够得到锻炼和提高。

心理委员:这个我相信,你能告诉我你参加社团面试的情况吗?

同学:今天我去参加一个社团的面试,结果工作人员当着那么多面试的同学居然说我普通话太差、反应迟钝,我觉得自己很没面子。

这段对话心理委员使用的是开放式提问,没有限制同学的表达方向,使同学能够尽情表达自己的观点和遇到的问题。在实际的沟通过程中,开放式提问能够打开同学的心结,让相关的情绪和想法倾泻而出。

(2)在讨论问题实质阶段,提问要有助于同学清晰、具体地表达事情经过,同时让同学对问题有更具体、深入的描述。

同学:我们已经是大人了,可班主任还以为我们是小孩,只能服从他的命令,而不能有意见。现代社会讲求民主,居然还有这么霸权的大学老师。

心理委员:听起来好像你对班主任有很多不满啊,你说的"霸权"是指什么?

同学:我认为他在工作中不够公平公正,比如说评选奖助学金,小夏家那么困难,可就是没有补助;而小泉家的经济情况还可以,他每次都能拿到助学金。

心理委员:嗯,你说的这个情况我也知道一些,但听说评选奖助学金要求成绩优良,小夏成绩不行,有好几门不及格,你知道吗?

同学:这个我不清楚,就算有这个规定,可其他事情怎么解释呢?

心理委员:其他事情是什么呢?

同学:班委改选的事呗!其实不光是我,很多人都对他有意见呢!

心理委员:哦,我记得你当时也参加班委竞选了,是吧?

同学:对啊!唉,这不是和他平时没搞好关系,大家都不投我的票。

心理委员:你是说大家投票的结果和班主任有关?

同学:嗯!我看是和他有关……

心理委员:不对啊,在投票之前大家对谁参加竞选都不清楚,怎么能和班主任有关呢?

同学:……

上述案例中,虽然该同学最后没有承认自己存在的问题,但心理委员适当的提问促进了该同学深入剖析自己。

(3)为正确把握同学的态度和情感,提问要有助于同学进行自我认知和情感体验。

同学:不知道怎么回事,一听到要考试,我就紧张得不得了。这次英语六级考试我放弃了,结果成绩出来后我发现很多英语成绩不如我的同学都通过了,我真是后悔死了。

心理委员:你是因为害怕考试而放弃了六级考试,那是不是以前就有过这样的情况呢?

同学:以前没有过,就是因为上次期末考试的成绩直接关系到保研能否成功,所以我特别想考好一些,结果越是着急压力就越大,考前反而紧张得连书都看不进去。

心理委员在这个阶段采用开放式或者封闭式的提问,都有利于同学敞开心扉回答问题。在这个过程中,同学有机会回顾自己的经历,能够得到与此前不同的体会,使得其进一步了解自己。同时,心理委员能够掌握更多的信息,从而也进一步了解同学的生活经历和情感体验。

(4)在沟通过程中还要注意提问的频率。

如果过多使用提问,将会使沟通变成一问一答的谈话方式,这样不利于谈话内容的深入和当事人内心的袒露。另外,心理委员不要只对自己感兴趣的部分进行提问,这样会打断同学的思路。因为,如果问题与关键主题相差较远,就可能将内容转向旁枝末节,这样心理委员就无法引导同学深入问题的核心,还可能导致同学心情不快。

第四节 反应技术

在进行朋辈辅导的过程中,虽然班级同学是倾诉主体,但是心理委员也需要在恰当的时机有所回应。如果心理委员只是一味地倾听而不表达,就会减弱对方的倾诉动机,这非常不利于心理委员了解问题,开展后续的辅导,因此心理委员必须重视反应技术的运用。

一、反应技术

反应技术包括内容反应和情感反应,其作用是使来访大学生聚焦自我叙述的内容及情感。反应技术也能传达心理委员对来访大学生所述内容的专注和理解,是共情式交流的有机构成部分。

1. 内容反应

内容反应是指将同学的主要言谈、思想加以综合整理后,再反馈给同学。它是对同学所说的话做的一个简明扼要的说明。助人者可以用自己的话对内容进行复述,也可以使用同学原话中的关键词汇。内容反应可以检查助人者对同学谈话内容的理解是否准确,也有助于同学再次审查自己的困扰。例如:

心理委员:我想你刚才所说的主要意思就是希望自己无论做什么都能做好,让别人都觉得自己聪明、能干,希望别人喜欢自己,对吗?

同学:嗯,差不多吧,我什么都想做得十全十美。

心理委员:想做一个完美的、无可挑剔的人?

同学：嗯（点头）。

这里，心理委员的第一句话是对同学前面大量谈话内容的总结，里面的"挺聪明""挺能干""希望别人喜欢我"都是同学的原话。这次内容反应使这位同学对自己的问题做了进一步的思考。接着，心理委员第二次问话，促使同学对自己问题的实质做进一步思考，也让双方都更准确地认识到这位同学的问题。

2. 情感反应

情感反应与内容反应很接近，它们经常一起使用。不同的是，内容反应着重于同学所谈的事实内容，情感反应则着重于同学的情绪。助人者通过一些词句对同学的情感做出反馈，有助于同学检查和探索自己的感受和情绪体验，更完整地了解自己，也有助于助人者的情感投入，达到共情的目的。情感反馈经常用"你觉得＋事情＋情绪词语"等来表达。例如：

心理委员：看起来，你很讨厌他粗暴的脾气。

心理委员：你觉得每次考试都是煎熬？

情感反应技巧的使用，要求助人者有较强的分辨情绪的能力，并能用适当的话语表达出来。准确的情感反应对助人关系的发展有积极的推动作用，所以它很受人本主义者的青睐。

二、表达技术

表达分为内容表达与情感表达两种。内容表达技术常用于心理委员传递自己的信息，提出建议，提供忠告，给予保证，进行褒贬和反馈等。比如，心理委员说："我希望你认真地思考一下我刚才的解释，如果你能那样去做，我想会有效果的。"情感表达技术是指心理委员告知求助者自己的情绪、情感活动状况，让同学明了。比如，心理委员说："听了你的话，我很难过。"情感表达可以针对求助者、自己或其他的人和事。

三、具体化技术

具体化是指在助人过程中找出话题的特殊性,把话题指向具体的事实和细节,使双方所讨论的问题得到明确的理解和澄清。

许多同学寻求帮助的时候,常常说不清他所要表达的事情和情绪,只是说自己很痛苦、很不幸。这种情况有时让助人者不知所措。教育部高校心理健康教育专家马建青认为出现这种情况主要是由于同学表述问题模糊、过分概括化和概念不清等原因造成的。

问题模糊是指同学的情绪感受和事实相脱节。比如,同学反复说:"我很烦!""我感到非常痛苦"等,却说不出为什么会这样。这时,助人者应该注意了解同学情绪背后的事实细节,设法使这种模糊的情绪和思维清晰起来。例如:

同学:我真是不可救药啦!

心理委员:你能告诉我发生了什么事情让你有这种想法吗?

同学:我这次考试又没通过。

心理委员:你能具体谈谈这次考试的情况吗?

通过一步一步地挖掘,同学的问题就慢慢地得以具体化和澄清,原本模糊的情绪感受就会变成实实在在的事实。

过分概括化是指以偏概全,把个别的、偶然的事件当成一般性的、本质的结论。有些同学因为一两件小事就对自己或他人下了绝对性的判断,认为自己或他人很不好、很自私等。例如:

同学:我的人际关系不好,不讨人喜欢。

心理委员:你说人际关系不好,都是和谁处理不好呢?

结果发现原来是和男朋友分手了,有点心灰意冷。

概念不清的情况在大学生中也很常见。有些同学满口心理学词汇,什么"强迫症""神经衰弱",轻易就把自己诊断成"病人"。这时,助人者不能轻信他的判断,而应该细细探询他的表现、症状,并给他做出正确的解释和说明。

具体化是助人者常用的方法之一。在助人过程中,对同学的问题有时不用具体化予以澄清,助人者就不可能真正理解同学,也不可能给出有针对性的解释。

四、即时化技术

即时化就是帮助同学注意"此时此地(Here and Now)"的情况,明确自己现在的需要和感受。

在助人过程中,很多同学喜欢大谈自己的过去和将来,而很少谈及现在,这样别人就很难了解他现在的想法和感觉。心理委员在运用即时化技术时,通常可以采用"现在""这几天""这时候"等时间副词来询问,引导同学自我探索、自我领悟。例如:

同学:我在高一时,就和他谈恋爱,当时只知道玩耍,没好好学习,现在快毕业了,他却对我很冷淡了。

心理委员:你现在怎么想呢?

同学:一言难尽啊。我有点后悔,又有点不知所措,心有不甘。我不知道该怎么办。

心理委员:那你现在对他的这种态度是怎么想的呢?

同学:我也说不清。也许他有自己的想法,想好好准备考试吧。哎,不去想了!

心理委员:高考也临近了,你现在准备如何安排呢?

通过即时化技术,这位同学慢慢地从先前的不良情绪中解脱了出来,而把主要的精力用到即将到来的考试上,心理上的痛苦与不安也减轻了。

即时化的另一个内容是指助人者对其与同学的关系要敏感。当同学的情感反应涉及助人关系时,助人者要及时做出反应。如对同学的怀疑、不信任、对保密的疑虑等,心理委员要真诚相待,并可给以适当的说明等。

五、面质技术

面质不是指责,更不是与同学的对立、敌对,而是直接指出同学思想、态度和言行中所存在的混乱和矛盾,使其不能逃避,必须做出反应。面质有助于促进同学直面自己的问题,以积极的、建设性的态度来对待自己的问题。

一般来说,同学容易出现三种类型的矛盾,助人者应根据不同的情况,指出他的矛盾之处,让他正视自己的问题。

1. 真实自我与理想自我的不一致

例如,一位大三学生总是认为自己很聪明,学习成绩很好,"考研非名牌大学而不入",实际上他只是一所地方大学的中等生,成绩很一般,平时又不用功,能考上一般大学的研究生就算超常发挥了。面质就是要指出其愿望与现实的矛盾。

2. 思维、感受与实际行动的不一致

例如,有位女学生说她很自信、口才很好、从不怯场,事实上她每次上台演讲都会两腿发抖、声音打战,讲完后还很在乎别人的评价。这时的面质就是要指出其潜意识中的自卑和焦虑,让她更清晰地意识到自己的问题。

3. 想象世界与现实世界不一致

例如,一位男子描绘他的"梦中情人"如何的美丽、贤惠、多才多艺,可是他找了很久,都 40 出头了,却一直未能找到自己满意的女友。这种人对现实世界缺乏准确、全面的认识,过于理想化,脱离现实。

使用面质应该慎重。伊甘认为面质的表达要注意四个方面:一是面质应在高级准确的共情的基础上进行,否则面质就可能是无效的,甚至是破坏性的;二是面质的应用应该是试验性的,特别是会谈刚开始的时候应尽量避免面质，即使要使用，也要注意语气的委婉；三是面质要以建立了一定程度的助人关系为前提；四是面质应以逐步接近的方式进行，而不是一开始就直奔主题。这样可以使同学有机会理解和吸收助人者所说的东西。

总之，面质在助人中既是有用的，又是有危险的。心理委员在使用面质技术的时候，应该将其与支持、倾听结合起来使用。如果没有良好的助人关系做基础，不恰当地使用面质很可能让同学产生愤怒、不安和抵触的心理。

六、参与性概述

参与性概述就是把同学的言语叙述、情绪感受和行为反应等进行分析并以概括总结的形式表达出来。这样，既让同学感到沟通的进展，也给了双方一个重新审视的机会。概述可用在一次谈话结束前，也可在谈话中使用。

参与性概述有些像穿珠子，把同学所表述出来的信息的主要内容清理成串，分门别类进行整理。概述主要是把同学关键性的观念、情感的基本思想加以综合，不添加新的东西。一般情况下，概述由助人者做出，也可以请同学自己概述。例如：

心理委员：从我们前面的谈话可以看出你现在主要有这样几个问题：寝室关系不好、学习上感到力不从心以及和女朋友分手的问题。除此以外，还有其他问题吗？

第五节　人际影响技术

朋辈辅导仅仅依靠良好的咨询关系以及倾听技巧的运用也可使同学从中获益，这可以看作是同学自我成长的过程，但这也经常是非常缓慢而困难的过程，而当心理委员以积极主动的态度参与到会谈中对同学进行影响时，则是心理委员以自身的专业理论知识与技术使同学有所获益的过程。这些影响技术包括解释、指导、自我暴露、影响性总结等。

一、解释

解释是最重要的影响技巧之一,它能帮助同学超越个人已有的认识,以一种新的方式(或者说从另一个参照框架)重新看待他们自身的问题,从而对问题有更好的理解,甚至还可能使他们的世界观产生认知性的改变。

1. 什么是解释

解释就是心理委员对同学思想、情感、行为和事件之间的联系或其中的因果关系的阐述。它与参与技巧(如倾听技巧等)的不同之处在于,其一,解释是从心理委员自己的参考体系出发的,而不是从同学的参考体系出发的;其二,解释针对的主要是同学隐含的那部分信息,即同学没有直接讲出或没有意识到的那部分内容。心理委员要将同学自己隐隐约约感觉到或没有感觉到的东西用语言表达出来,而参与技巧则仅仅针对同学已经表达出来的内容。

解释也是很复杂的影响技巧之一。解释应该主要依据各种有效的心理咨询和治疗理论,但运用要灵活,要富有创造性,不能生搬硬套、牵强附会,要针对同学的不同问题,并根据心理委员个人的理解、领悟与实践经验,通过不断地修正,最终给予真正符合同学情况的合理解释。

2. 运用解释的注意事项

一般来说,使用解释技巧要注意以下事项:

(1)解释应该在充分收集了与同学问题有关的资料(尤其是同学隐含的内容及其意义)之后进行,且同学表示愿意倾听和接受心理委员对自己的问题的解释。所以,解释通常是在第一次会谈的后期或几次会谈之后进行的。

(2)解释应建立在与同学的良好关系的基础上。因为解释基于与同学不同的参考框架,因而有可能导致同学的抗拒。良好的咨询关系有助于提高同学对解释内容的容忍、接受程度。反过来,解释技巧的妥当使用又会提高心理委员在同学心目中的可信度和权威性,从而加强咨询关系。

(3)虽然解释的目的是让同学从一个与自己有所差异的方面重新审视自己的问题,但操作时要注意循序渐进,解释的内容不要与同学的信念、文化背景存在过大差异或产生严重冲突。此外,解释时的措辞要适合同学。

(4)解释的同时,心理委员应注意观察同学的反应,尤其是非言语行为,如沉默、微笑等。

二、指导

指导就是心理委员直接告诉同学做某件事、说某些话,以及如何做或以某种方式行动。指导技术是对同学最有影响力的一种技巧。指导概括起来有两种类型:一种是根据各种不同的心理咨询理论进行的,另一种则是咨询者根据个人的咨询经验做出的,前一种需要接受专业培训后方可开展。

在使用指导技巧时,心理委员可依据所学心理学知识和个人的学习生活经验,灵活而富有创造性地加以运用,使之真正成为有效的指导。具体地说,心理委员应该十分明确自己对同学指导些什么?效果会怎样?叙述应当清楚、明确,要让同学真正理解指导的内容。同时,指导要在与同学建立良好关系的基础上进行,不要以权威的身份强行指导同学,以免引起对方反感而中断辅导。如果同学暂时不理解、不接受,可暂缓指导。此外,在进行指导时,要充分利用非言语行为的影响力。

三、自我暴露

自我暴露是指心理委员将自己的思想、情感、经验等有关信息告诉同学。心理委员在辅导过程中适度的自我暴露能使同学产生共情、温暖和信任的体验,增加同学对心理委员的认同感以及对会谈的兴趣,有助于彼此建立相互信任和开诚布公的辅导关系。除此之外,在心理委员自我暴露的示范作用下,同学会有进一步的自我暴露。

自我暴露有两种形式:一种是心理委员把自己对同学经历的体验与感受传递给同学;另一种是心理委员暴露与同学所谈内容有关的个人经历和体验,例如:"你目前的这种感受,我能想象得出来,因为我以前也有过类似的体验。"一般来说,这种自我暴露内容应简明扼要,因为目的不是谈论自己,而在于借自我暴露来表明自己理解并愿意分担同学的情绪,促进同学更多的自我暴露。

自我暴露需要建立在一定的辅导关系上,有一定的谈话基础和背景,如果过于突如其来,反而收不到好的效果。另外,自我暴露要有一定的限度。低于或高于这个限度的自我暴露,既无助于同学自我暴露,也不利于形成良好的辅导关系,甚至会起破坏作用。尤其是过度的自我暴露,会占用会谈中原本属于同学使用的时间,而且可能会使同学感到咨询者也是一个心理不健康的人,于是中断辅导。

四、影响性概述

影响性概述是指心理委员将自己所叙述的主题、意见等经组织整理后,以简明扼要的形式表达出来,一般在会谈即将结束时进行。影响性总结经常和倾听总结一起进行。心理委员可以先总结一下在此次会谈中发现同学都有什么样的问题,然后讲一下在此次会谈中重点对哪些问题进行了分析工作,最后可以概括一下本次会谈的辅导要点。这样做有利于心理委员与同学双方对此次会谈的情况有更为清楚全面的了解,更重要的是有利于同学抓住会谈要点,加深对会谈与其在辅导中所学东西的印象。会谈结束时的影响性总结可以通过心理委员提问、同学回答的方式进行,这样效果会更好。但要注意避免太过笼统的问题,比如"我们今天都谈了些什么",而应该具体发问,比如"我们刚才讲到,如果同学拒绝了你的请求应该怎么办"这样的问题,以利于同学回答。

第五章　心理委员工作方法

近年来,高校学生心理健康教育工作内容不断丰富,各学生心理社团、学院心理辅导站、班级心理委员等都发挥了积极作用。心理委员开展心理健康教育工作需要掌握科学的工作方法,明确班级心理健康教育工作目标,制订完善的工作计划,促进学校心理健康教育工作的可持续发展。

第一节　目标与计划

常言道,凡事预则立,不预则废。在做事之前要有详细的安排和计划,明确工作的目标、方向和方法步骤是有效开展工作的重要环节。班级心理委员要掌握制订目标和计划的方法,为班级心理健康教育工作指明方向,并以此凝聚共识,与其他班委会成员一起做好班级心理健康教育工作。

一、明确工作目标

有了目标不一定就能成功,因为模糊不清的目标不但帮助不了你,反而会让你陷入迷惑之中。所以,制订清晰、有效的目标计划显得尤为重要。

1. 如何明确目标

制订目标看似是一件简单的事情,每个人都有制订目标的经历,但未必掌握制订目标的科学方法。有人提出了制订目标的 SMART 原则,即目标必须是具体的(specific)、可以衡量的(measurable)、可以达到的(attainable)、和其他目标具有相关性的(relevant)、具有明确的截止期限的(time-based)。无论是制订团队的工作目标,还是个人的绩效目标,都必须符合上述原则,五个原则缺一不可。

目标制订是在全体成员的积极参与下,自上而下的工作过程,在实施目标中实行"自我控制",自下而上分级控制,以保证目标实现。制订目标的过程不但是自身能力不断增长的过程,而且也是团队整体工作能力、工作水平提高的过程。

2. 班级心理健康教育的目标

《教育部 卫生部 共青团中央关于进一步加强和改进大学生心理健康教育的意见》提出,加强和改进大学生心理健康教育、做好心理咨询工作的主要任务是:①宣传普及心理健康知识,帮助大学生认识健康心理对成长、成才的重要意义;②介绍增进心理健康的方法和途径,帮助大学生培养良好的心理品质和自尊、自爱、自律、自强的优良品格,有效开发心理潜能,培养创新精神;③解析心理现象,帮助大学生了解常见心理问题产生的主要原因及其表现,以科学的态度对待心理问题;④传授心理调适方法,帮助大学生消除心理困惑,增强克服困难、承受挫折的能力,珍爱生命、关心集体,悦纳自己、善待他人。

文件从四个方面明确了学校心理健康教育工作的目标,也为高校开展心理健康教育工作指明了方向。根据学生班级的特点,心理健康教育工作主要分为两个方面:一是宣传心理健康知识,开展心理健康教育活动,维护全班学生的心理健康,提升学生的心理素质;二是及时发现不稳定因素,如班级学生中出现过激行为或有实施这些行为的倾向,或有明显的精神障碍者,或因心理问题不能坚持正常学习、生活等情况,应按照学校心理危机预警及干预程序,保证学生的身心安全。

二、制订工作计划

明确目标之后,如何去实现,要在什么时间、采用何种方法逐步实现目标,便是制订工作计划的过程。

1. 选择合适的内容和方法

开展班级心理健康教育活动的内容和方法在其他章节有详细介绍,这里不再赘述。

2. 制订工作计划的思路

明确工作步骤。"6W2H"是管理学中有一种通用的决策方法,是一个以价值为导向的标准化思维流程,是人们在追求理想和目标的过程中,经过选择目标(Which)→为什么(Why)→干什么(What)→在哪里实施(Where)→什么时间做(When)→由谁来执行(Who)→怎么执行(How to do)→花费多少(How much)八个方面提出问题并从中选择性价比最高的方法和路径来实现预定目标。许多成功人士都有过这样的切身感受:有了明确的目标,你就会有一股无论是顺境还是逆境都会勇往直前的冲劲,因为明确的目标会带给人激情的火花,它就像成功的助推器,会推动人们向理想靠近或飞跃。

心理委员是各班级负责心理健康教育工作的学生干部,是班级心理健康教育工作的策划者和实施人。根据"6W2H"决策方法,围绕一个总目标,去思考、决策并组织实施,合理地安排人力、物力、财力、时间,是开展心理健康教育各项活动的中心环节。如果其中的某个环节被忽略或没有详细计划,将会增加活动开展过程中的障碍。

3. 巧妙利用特殊时机开展工作

除了按照学校安排开展心理健康教育活动以外,心理委员还应了解与心理健康有关的节日,将这些特殊的日期与学生的心理特点及其需求相结合,根据实际情况合理安排各项活动时间。

每年3月21日是"世界睡眠日"。为了提高人们对睡眠重要性的认识,国际精神卫生和神经科学基金会主办的全球睡眠和健康计划发起了一项全球性的活动——"世界睡眠日",并将其放在每年春季的第一天——3月21日。此项活动的重点在于引起人们对睡眠重要性和睡眠质量的关注。

每年5月25日是"大学生心理健康日"。这个健康日是2000年由北京师范大学心理学社、心理健康者协会发起的。"5·25"的谐音即为"我爱我",鉴于现在的大学生缺乏对心理健康知识的了解,由此导致缺乏对自己心理问题的认识,所以"大学生心理健康日"活动就是提倡大学生要爱自己,珍爱自己的生命,把握自己的机会,为自己创造更好的成才之路,并由珍爱自己发展到关爱他人,关爱社会。

每年9月10日是"世界自杀预防日"。2003年,为了引起公众对自杀的关注,世界卫生组织和国际自杀预防协会呼吁各国政府、预防自杀协会和机构、当地社区、医务工作者以及志愿者们,加入当天的各项地方性行动中,共同提高公众对自杀问题重要性的认识。

每年10月10日是"世界精神卫生日"。"世界精神卫生日"是由世界精神病学协会在1992年发起的,旨在提高公众对精神疾病的认识,分享科学的疾病知识,消除公众的偏见。2000年,我国卫生部开始在"世界精神卫生日"组织、开展大规模活动,宣传精神卫生、普及心理健康知识。

第二节 记录与总结

俗话说,好记性不如烂笔头。做好日常工作记录,及时总结工作经验,是从事任何工作都需要养成的好习惯。心理委员不仅要努力学习,完成各项学业任务,还要参与班级管理,在心理健康教育工作中有所作为,这就需要他投入一定的时间和精力,开展各项活动。心理委员只有在活动进行过程中做好工作记录,在活动结束后及时回顾总结,才能不断改进工作方法,提升工作能力。

一、工作记录

心理委员的工作记录要求心理委员记下在日常心理健康教育工作中所开展工作的内容和进度,以及同学们的心理健康状态等信息,这是心理委员应该掌握的一项基本技能和常规工作,也是形成各种报表和总结、进行下一步工作计划的依据。

1. 心理委员工作记录的内容

(1)基本情况,包括日期、主题、目标、地点、参加人、主持人、记录时间以及记录人员等。

(2)工作过程,是工作记录的核心要素,既包括活动程序,活动过程中的互动、沟通、决策、领导、角色分工等工作任务完成情况或进展的记录,也包括对心理健康相关讨论的话题、形成的决议、存在的分歧等重点内容进行的概括。

(3)工作评估,不仅包括分析本次活动完成阶段目标或总体目标的情况、取得的成效、存在的问题及障碍、拟订下一次活动的目标与工作纲要等,还包括对本班同学总体心理健康状况、个别出现情绪和行为问题同学的相关评估和记录,例如"每周班级学生心理状态晴雨表"。

2. 工作记录的注意事项

(1)记录要及时。心理委员对于一次性的活动应当在每次活动后及时做好记录,对于持续时间较长的活动应在重要的时间节点或事件结束后及时记录,对于班级心理健康状况评估应定期做记录。心理委员的工作记录不可拖延到老师检查或者学期结束时才记载。心理委员应及时记录,以保证内容的真实性。

(2)记录要详细、顺畅且有可读性,字迹要尽可能清楚,否则一段时间以后,你会发现不知道自己以前写的是什么。

(3)按事件发生的自然顺序记录,并记下事件持续的时间。

(4)在比较醒目的位置用关键词展示最重要的内容,以便后续查阅。

(5)在记录表格上留下足够的空间,以便随时补充。

(6)使用非判断的、描述性的语言对发生的事实做客观的记录,避免使用评价性的、结论性的语言。

(7)做好记录的保密工作。不可将记录的内容随意乱扔,记录本必须由专人保管,避免其他同学随意翻阅。因为记录不仅是对所开展工作内容的反映,而且记录了本班某些同学的心理健康状态,可能会涉及个人隐私。

(8)定期阅读所做的记录。通过阅读工作记录,心理委员可以发现以前工作中的疏漏并及时补救,可以对个别需要特别关注同学的状况做总体的评估,还可以发现工作中好的做法,以便总结经验。

二、工作总结

认真计划、努力组织与实施工作的过程,是锻炼心理委员思考问题、解决问题的能力,锻炼组织、管理以及协调能力的过程。工作总结可以分为两种情况:一种是就某些具体活动的总结,比如在举办一次班级心理健康沙龙之后,对活动的开展过程、存在的不足及取得的效果进行总结;另一种是对一段时间里本班心理健康教育工作进行全面总结,如每个学期末所做的"班级心理健康教育工作总结"。

开展工作总结需要心理委员把自己的所见、所闻、所想进行总结、整理,可以要求班长、团支书及其他相关人员参与总结过程,这不仅是一个回顾工作的过程,还是一个统一思想、共同完善的过程,可以让大家在讨论交流中,不断地提高看问题的高度,明白怎样去做能够实现既定的目标,在工作上有更好的配合。

工作总结对心理委员可以发挥以下作用。

1. 工作总结是上一阶段工作的汇总整理

对已经完成的工作进行总结称为工作总结，包括工作某一阶段的总结和整个发展阶段所做的一种综合性的总结。如果是短期活动，通常只做一次总结记录加上每次过程记录即可；如果是长期活动，则应每逢适当的阶段做一次总结记录，以免因活动时间过长而无从整理。

2. 工作总结是下一阶段的工作指导

工作总结就是对一定时间内的工作加以总结、分析和研究，肯定成绩，找出问题，得出经验、教训，明确下一步工作的方向，既是心理委员不断提高个人思想觉悟和文化素养，不断增强分析问题和解决问题的综合能力、不断提高自身管理水平的过程，也是促进学校心理健康教育工作可持续发展的必经之路。

3. 工作总结是提升工作能力的重要手段

工作总结可以锻炼心理委员勤于思索和善于总结的能力、寻找工作和事物发展的规律，从而掌握并运用这些规律。心理委员通过不断地总结，可以养成自觉思考问题、寻找方法去面对困难和解决问题的习惯，不断提升自身工作能力。

第三节　工作联络与心理委员自我管理

心理健康教育作为高校教育的一个方面，在保障学生正常生活、学习、工作等方面发挥着重要的作用。学生心理骨干、班级心理委员不但要以各类活动为载体在学生中广泛宣传心理健康知识，还要与相关人员进行工作联络，同时要运用科学的方法，善于管理时间，调节自己的情绪，改善自己的行为，在参与学校、学院、班级工作的组织与管理的过程中，不断提高个人的思想觉悟和文化素养，不断增强分析问题、解决问题的综合能力。

一、工作联络

领到任务却不知道如何下手,工作中的疑问自己百思不得其解,事情做了一次又一次但效果还是不理想……或许很多人都有过类似的经历。其实,只要加强交流,这些问题都可以得到有效解决。工作中遇到难题和困惑时,一个人如果只是一味地冥思苦想,既耽误时间,又影响工作质量。我们要学会沟通,加强学习,弥补自己的不足,在适当的时候向有经验的老师、同学请教,向有关部门咨询相关问题,这些都能在很大程度上帮助我们理顺思路,更好、更快地完成手头上的工作。

1. 要加强与学校心理咨询中心的联络

心理咨询中心负责学校心理健康教育工作的总体计划和宏观组织管理工作,它的工作职责包括指导学院开展学生心理健康教育活动、为班主任及班级心理联络员开展培训工作、根据学院要求有针对性地举办心理健康教育专题的讲座及报告等。因此,心理委员加强与学校心理咨询中心的联络,能更加明确心理工作的"风向标",使工作有的放矢。

2. 要获得学院心理辅导员的工作支持

心理辅导员是学院负责心理健康教育工作的辅导员,他们的工作职责是根据学校心理健康教育工作的总体要求,在学院党委的领导下,一是组织、策划、开展本学院(系)学生心理健康教育活动,宣传和普及心理健康知识,培养学生自觉维护心理健康的意识;二是了解学生心理健康状况,主动帮助有心理困惑的学生并引导其寻求心理咨询或专业帮助,协助学校做好心理危机学生的干预工作。可见,获得学院心理辅导员的工作支持,可以促进心理健康活动的顺利开展。

3. 要注重学生干部之间的交流

沟通本身就是一个学习的过程，因为每个人的思维角度、处事方式都不一样。面对不同的工作，我们需要不同的方法，很多时候用我们惯用的思维方式并不一定能全面地分析问题，要多与负责相关工作的学生干部交流，集思广益，探索好的方式、方法，并且及时总结，可能会有意想不到的收获。

二、自我管理

自我管理是每一位大学生应该掌握的基本能力。在学习、生活中，大学生不仅要管理好自己的钱财物品，而且要管理好自己的时间、自己的情绪和行为。心理委员承担了班级心理健康教育工作，存在工作与学习、生活的矛盾冲突，在帮助其他同学解决心理问题、缓解心理压力的同时，自己也可能出现不良情绪，这些问题都需要认真对待，及时解决。

1. 时间管理

作为班级心理委员，如何能既不影响学习，又做好心理健康教育工作？时间管理非常重要。经验表明，大量的时间浪费来源于工作缺乏计划，比如：没有考虑工作是否可以并行，结果使并行的工作以串行的形式进行；没有考虑工作的延续性，结果工作做了一半，就发现有外部因素限制只能搁置；没有考虑工作方法的恰当性，结果长期用低效率高耗时的方法工作。这里介绍两个时间管理原则：

第一，帕累托原则，又称为80/20定律，是指在任何一组东西之中，最重要的通常只占其中的一小部分，因此对于这个重要的部分，必须分配更多的资源，更注重对它的管理。心理委员在时间管理中运用帕累托原则有助于将一大堆需要完成的工作列出优先次序，把最应优先完成的作为工作中的重中之重，只有这样，那些看起来可能无法一一完成的工作才能通过我们所完成的那几件重要工作而得到解决,获得最大的收益。

第二,运用"坐标法"。以"轻—重"为横轴,"缓—急"为纵轴,我们可以建立一个时间管理坐标体系(如下图1)把各项事务放入这个坐标体系,大致可以分为四个类别:重要且紧急、重要不紧急、紧急不重要、不重要不紧急。

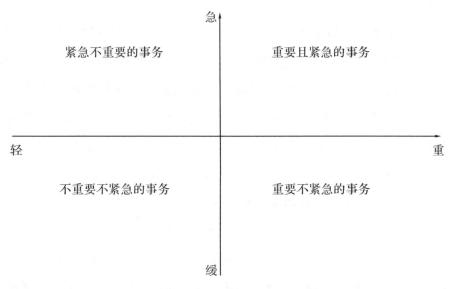

图1 时间管理坐标体系

我们通常会把紧急的事情放在第一位,但这不是管理时间的有效办法。在最初,我们可能会重视事情的重要程度,做的是"重要且紧急"的事务,但应避免习惯于"紧急"状态,否则,我们会不由自主地处于"到处救火"的境地,把自己当成"救火队员",转而去做那些"紧急不重要"的事务了。这样一来,我们就没有时间去做那些"重要不紧急"的事务,而这些事务往往有着更深远的影响。

因此,心理委员在进行时间管理时,应将大部分时间花在"重要不紧急"的事务上,这样可以避免掉进"嗜急成瘾"的陷阱中,更可以避免在事情变得紧急后才疲于应付。

2. 情绪管理

情绪管理就是善于掌握自我，善于调制和调节情绪，对生活中的矛盾和事件引起的反应能适时排解，能以乐观的态度、幽默的情趣及时地缓解紧张的心理状态。我们常说，做人的工作不容易。心理委员要做处于亚健康状态、存在心理问题的同学的工作更不容易，因此管理好自己的情绪尤为重要。

（1）体察自己的情绪。体察情绪就是要时时提醒自己注意：我现在的情绪是怎样的？例如，当你因为朋友约会迟到而对他冷言冷语时，问问自己：我为什么这么做？我现在有什么感觉？如果察觉已对朋友三番两次的迟到感到生气，你就可以对自己的生气做更好的处理。有许多人认为，人不应该有不良情绪，所以不肯承认自己有负面的情绪。要知道，人是一定会有各种情绪的，压抑情绪反而会带来更不好的结果，学着体察自己的情绪，是情绪管理的第一步。

（2）适当表达自己的情绪。再以朋友约会迟到的例子来看，你之所以生气可能是因为他让你担心，在这种情况下，你可以婉转地告诉他：你过了约定的时间还没到，我好担心计划好的事情发生意外。试着把"我好担心"的感觉传达给他，让他了解他的迟到会带给你什么感受。什么是不适当的表达呢？例如，你指责他：每次约会都迟到，你为什么都不考虑我的感觉？当你指责对方时，也会引起对方的负面情绪，对方会变成一只刺猬，忙着防御外来的攻击，没有办法站在你的立场为你着想，他的反应可能是：下课迟了，有什么办法！你以为我不想准时吗？如此一来，俩人开始吵架，更别提什么愉快的约会了。如何"适当表达"情绪，是一门艺术，需要用心去体会、揣摩，更重要的是，要确实用在生活中。

（3）以适宜的方式调节情绪。调节情绪的方法有很多，有些人会痛哭一场,有些人会找三五好友诉苦一番,还有些人会逛街、听音乐、散步或逼自己做别的事情,以免总是想起不愉快的事情,但比较糟糕的方式是喝酒、飙车,甚至自杀。要提醒各位,调节情绪的目的在于给自己一个理清想法的机会,让自己好过一点,也让自己更有能量去面对未来。如果调节情绪的方式只是暂时逃避痛苦,而后需承受更多的痛苦,这便不是一个适宜的方式。有了不舒服的感觉,要勇敢地面对,仔细想想为什么这么难过、生气。我要怎么做在将来才不会重蹈覆辙。怎么做可以降低我的不愉快。这么做会不会带来更大的伤害。以这几个角度去选择适合自己且能有效调节情绪的方式,你就能够控制情绪,而不是让情绪来控制你。

第四节　善于利用专业资源

心理委员是业余从事心理健康教育工作的人员,专业工作能力有限,但在实际工作中面临的问题并没有减少。要解决这些问题,除了要多向本校教师请教、学习,借助教师的力量之外,还可以利用一些校内外的专业资源。特别是在网络高度发达的今天,一些正规网站上的资源都可以为班级心理健康教育工作提供有力支撑。

一、本校、本地专业资源

首先,作为学生心理骨干,一定要知道学校心理健康教育中心地点、有哪些心理辅导老师、心理咨询热线电话、心理咨询的值班安排以及如何预约心理咨询等,便于当同学有需要时做好引导工作。如果能够制作一份学校、学院、学生骨干等心理健康教育相关人员的联系方式表,将会达到事半功倍的效果。

其次,还要了解当出现紧急状况或突发事件时,当地有哪些心理咨询机构和医院可以寻求帮助。例如,北京回龙观医院心理危机干预热线电话为 800-810-1117,它是唯一一条面向全国,提供每周 7 天,每天 24 小时的免费危机干预热线服务。很多城市都开通有类似热线,如西安市心理援助热线电话为 4008960960(每天 10:00-18:00,20:00—24:00);武汉市危机干预中心心理咨询热线电话是 027-85844666;杭州心理危机研究与干预中心提供的 24 小时心理援助热线电话是 0571-85029595;深圳市心理危机干预中心提供的 24 小时心理危机干预热线电话是 0755-25629459 等。

二、网络专业资源的检索与甄别

目前互联网技术快速发展,各种期刊、报纸、电子出版物,以及图书馆、高校、企业、政府等机构都有唯一明确的网址,因此,心理委员可利用网络浏览器(如 IE)查找网址,快捷、方便地获得针对性极强的"对口"网络信息。国内部分著名高校心理健康教育网站列举如下:

(1)http://xueronghua.bnu.edu.cn/(北京师范大学学生心理咨询与服务中心)。

(2)http://xinli.cau.edu.cn/(中国农业大学心理素质教育中心)。

(3)http://www.caps.fudan.edu.cn/(复旦大学心理健康教育中心)。

(4)http://smile.ustc.edu.cn/(微笑在线——中国科学技术大学心理健康教育与咨询中心)。

心理委员还可以按照网站类型搜索,互联网技术将不同学科、专业或区域的信息按照分类或主题目录方式进行了组织,提供了电话号码簿式的网站名称和网址链接,点击可以查询到各网站的站名、网址及内容提要,使用十分方便。

心理委员也可以通过超级链接查找,超级链接犹如印刷型文献的参考文献,提供全面的回溯信息源,可以根据它顺藤摸瓜,在网上自由地浏览信息,一步一步根据链接跳转查阅,直至获得令人满意的结果。

心理委员还可以通过关键词、主题词或自然语言来查询,在搜索框中输入检索词或检索表达式,搜索引擎会返回一组指向相关站点的超链接。

三、新媒体资源

智能手机的普及给我们带来了方便、快捷的上网途径,以智能手机为载体的各种新媒体平台也有很多心理健康教育的资源。

1. 手机 APP

以下手机 APP 中有很多心理健康教育的内容,当然,新的 APP 也在不断开发,大家可以使用的 APP 远不止这些。

(1)金色阳光(阳光心健康),是中国宋庆龄基金会发布的一款促进青少年身心健康成长的教育 APP。其宗旨为:帮助青年人全面认识自我,规划人生航程;帮助青春期少年管理情绪,化解内心的矛盾;帮助儿童期孩子的家长了解孩子成长的心理需求。这款 APP 包含 8 个功能模块:心理测评——自我评估,从心认识自己;心迹晒场——描绘属于你的心情轨迹;掌阅精选——打造属于你的心理宝典;聆听心灵——聆听来自心灵最深处的声音;养心乐符——音乐 SPA,放松心情;心理漫画——为你解读缤纷的心理世界;心理课堂——学习实用的心理学知识;咨询问答——解除"心"的烦扰。

(2)乐康心理,是为心理疾病患者、心理爱好者提供服务的一款 APP。用户可以通过 APP 了解心理方面的知识、问题,记录心理成长等。

(3)壹心理,是一个大众心理学服务平台,通过有趣的方式传播实用心理学。在这里,你可以收听心理 FM,感受温暖的声音以放松心情;你可以阅读精选的心理杂志,每天学点生活中的心理学;你可以在树洞里，留下现实中无法发出的声音；你可以在问答里，提出生活中的小困惑，或者提供答案。其中的心灵氧吧（高校版）是壹心理专为高校定制的大学生心理服务移动平台。

（4）简单心理，是国内靠谱的华语心理咨询平台。该平台汇集了全球各地20余座城市近百名有专业训练背景且最系统并持续接受督导和个人分析的华语心理咨询师。用户可以通过APP快速进行面对面咨询/视频咨询。

（5）心理帮帮，是一款基于大数据和人工智能的亚健康预警管理及帮护的APP。它专注于为企业、组织、学校和个人提供心理健康预警及解决方案，并汇聚国内外数百万名心理咨询师和心理医生、数千万名心理学爱好者，在线实时提供一对一的咨询、倾诉、辅导等帮护服务。

（6）云树，是一个心理咨询互助社区。用户可以通过云树APP、云树微博和公众号参与进来。当遇到问题无法释怀时，在云树有专业的心理咨询师，他们会用经验和专业知识帮助你走出困惑，解开心结。

（7）春雨医生，是国内一款在线健康问诊类APP，用户可以语音、文字、图片、电话的途径对身体进行"自查和自问"，春雨医生的在职医生可指导用户就医、诊疗。

（8）秘密树洞，是由心融网出品的一款心灵倾诉客户端软件。在记录自己的喜怒哀乐、发表自己情绪看法的同时，不仅能得到别人的建议和帮助，还能献出你的爱心，去帮助别人。

（9）心理FM，是一个治愈系的心灵电台。

（10）Q心理，是青少年心理咨询平台。心理问答：抛出你的问题，一方有难八方支援，有问有答，反应及时、高效；心理微课：心理FM随心听，心理咨询师当主播，教你实用小技能，给你温暖的陪伴、专业的心理咨询服务。

2. 微信公众号

（1）心教育（微信号：xin_jy），是中国第一家心理学网络教育平台，由150余名心理学工作者及其他行业的精英人士共同搭建的首家O2O模式的心理学继续教育视频网络平台，有很多可以随时学习的最专业的心理学课程，有APP可下载。

（2）中科博爱（微信号：zhongkeboai_BJ），是北京心理医学研究院官方微信。该研究院拥有一批经验丰富、理论基础雄厚的专家队伍，致力于提供具有专业水准的各项心理服务。

（3）心理学与生活（微信号：psy_life），分享很有趣的心理学研究，与实际生活联系，由华中师范大学博士陈武打造。

（4）橙子YY心理（微信号：orangeyyxl），侧重恋爱心理学。

（5）东方明见心理（微信号：dfmjxl），偏活动推广，成员招募，由华中师范大学心理学院的退休教授汪海燕、江光荣等人打造。

（6）简单心理（微信号：janelee1231），风格简单，课程较多，且有视频、APP可下载。

（7）明智生活者（微信号：hereandnow_jx），由李松蔚老师跟申音老师联手创办。

（8）Katherine碎碎念（微信号：katherine_rocks）。

（9）回归de旅程（微信号：huiguidelvcheng）。

（10）MOOC（微信号：GuokrMOOC），有很多心理学课程。

（11）心探索（微信号：innerlight2007）。

（12）糖心理（微信号：txldaxuetang）。

（13）PSY心里程（微信号：psyxlc）。

（14）泡泡心理（微信号：psychological_bread）。

三、图书与期刊

尽管网络和新媒体非常普及,但传统的图书和期刊也有其不可替代的优势。传统图书里的知识比较系统化,往往都是专家学者的扛鼎之作,有较强的专业性和权威性。期刊上的文章经过编辑审查、同行评议,代表了本专业的最新研究成果,是心理委员掌握专业知识的重要资源。表1中介绍了一些图书和期刊,可供大家参考。

表1 心理相关的图书和期刊推荐表

类型	名称	简介
专业类图书	《社会心理学》	作者为戴维·迈尔斯。它不是一本枯燥的教科书,而是一本在美国被改版8次的书,是一本受年轻人欢迎,引领你了解人们是如何思索、影响他人并与他人建立联系的书
	《发展心理学:人的毕生发展》	作者为费尔德曼。全书深入浅出,围绕一个人的生长过程娓娓道来,把各个生命发展阶段细细描写,就像跑一万米马拉松把每个目标设定为一千米一样,一个个小目标组合在一起,带领我们漫游生命之旅的同时使我们获得了成长
	《心理学改变生活》	本书不是一本枯燥乏味的心理学理论书籍,也不是一本趣味十足的心理学故事集,而是一本与日常生活密切相关的经典心理学读物。它专为对心理学应用感兴趣的读者而著,通过把心理学知识和原理应用到自己的生活中,从而使读者可以更清楚地了解自己的生活为什么会这样、应该是什么样子的以及如何做出改变

续表1

类型	名称	简介
科普类图书	《潜意识与心灵成长》	本书是分析心理学创始人荣格为心理学"门外汉"所做的通俗普及之作,由五位分析心理学权威带你探究梦境、潜意识及精神分析法的奥秘
	《少有人走的路》	它跨越时代限制,帮助我们探索爱的本质,带领我们去经历一系列艰难乃至痛苦的转变,最终达到自我认知的更高境界
	《正能量:坚持正能量,人生不畏惧》	作者为理查德·怀斯曼。本书深入浅出,为读者打开一扇重新认识自己和他人的窗户,教会我们如何激发自身潜能
	《爱的艺术》	本书作者艾·弗洛姆有着不同于一般人对爱的诠释。本书并非是一本教人学会如何爱的情爱圣典,而是指导人生意义的心灵哲学类书籍
	《爱的五种语言》	查普曼博士发现人们基本上有五种爱的语言:肯定的言词、精心的时刻、接受礼物、服务的行动、身体的接触
	《当下的力量》	本书被誉为我们这个时代最具影响力的心灵启迪之书,由心理咨询师、张德芬撰文推荐
	《把时间当作朋友》	本书从心智成长的角度来谈时间管理,指出时间管理是成功的关键所在。在时间管理上取得突破,进而用心智开启自己的人生成功之旅
	《妙趣横生的心理学》	本书是国内第一本全彩心理学"杂志",书籍的封面以及内容都插入许多生动、形象的图片,但又不失科学和严谨。本书涉及很多日常生活中的有趣现象,能够引起读者的思考以及启发读者实现检验学习效果、理论联系实践的作用

续表1

类型	名称	简介
科普类图书	《生命的另一种可能》	作者为埃伦·兰格。本书向我们讲述了一个精妙绝伦的故事：我们的身心是如何以一种令人意想不到的方式联系在一起的，更重要的是，这本书让我们看到，如果能更好地理解这种联系，可以引导我们进入更健康的生命状态
	《自控力》	作者为凯利·麦格尼格尔。如果你总拖到最后一分钟才开始工作，有梦想却总是挫败，有目标却无法坚持，那从《自控力》入手吧，学学如何掌握自己的时间和生活，它是斯坦福大学最受欢迎心理学课程
	《积极情绪的力量》	作者为芭芭拉·弗雷德里克森。相对消极情绪，积极情绪拥有改变一切的力量。本书是积极心理学之父塞利格曼、心流之父希斯赞特米哈伊、情商之父戈尔曼倾情推荐的一本书，我们不应该错过
	《被讨厌的勇气》	作者为岸见一郎、古贺史健。对自己要有胸怀，《被讨厌的勇气》并不是要去吸引被讨厌的负向能量，而是，如果这是我生命想要绽放出的最美的光彩，那么，即使可能被讨厌，也要继续往那里走去
自我成长与励志类图书	《一切都不是你的错》	作者为史蒂芬·史多兹，美国知名的临床心理学家、情绪管理专家和家暴咨询专家，对于因遭受背叛等而导致的情绪管理有20年的临床经验。他在本书中对于克服感情的创伤、心灵的创伤，以及慢性的愤恨等来自背叛所导致的结果提供了有力的策略，帮你走出伤痛，找回自己，努力创造你的人生意义，并建立新的爱的关系

续表1

类型	名称	简介
自我成长与励志类图书	《你值得拥有最好的一切》	作者为meiya。本书关于梦想、爱情、自己,35段人生感悟,35次流着泪成长,我们庆幸最终明白一个道理:爱自己,是与一切美好相遇的开始
	《自知心理学》	壹心理编著。为什么我们这么想、这么做,约定俗成的认识会阻碍你的内心吗?《自知心理学》帮你揭开生活中的种种谜团,认识自己和他人的行为及心理,教你避免错误决策,化解困扰
	《我们都一样年轻又彷徨》	无论你现在的处境如何,都请不要轻易下结论。北大最励志双胞胎青年作家苑子文和苑子豪告诉你,《我们都一样年轻又彷徨》,肯付出就能冲出黑暗,漫漫长夜后黎明终会抵达
	《从你的全世界路过》	你会在故事里看到自己,温暖、明亮、疯狂、疼痛。本书是张嘉佳的一部短篇小说集
	《感谢自己的不完美》	作者为武志红。走在梦想的路上,我们总是对自己要求太高。其实应该《感谢自己的不完美》,坏习惯、痛苦、悲伤、愤怒、恐惧等也会让我们越来越坚强,有着更多的可能
	《找到意想不到的自己》	作者为丛扬洋。本书将帮助你学会萨提亚基本工具的使用方法,让你获得关于自我成长、亲密关系的改善等问题的全新认识
	《哈佛大学第一堂心理课》	本书献给对心理学感兴趣的朋友。什么是心理学,心理学包括什么内容,自己以往对心理学的理解是否是正确的,都能在本书中找到答案

续表 1

类型	名称	简介
小说类图书	《我不是完美小孩》	本书描述了一个三年级小女生郝完美在学习、生活,尤其是与大人相处中的困惑与烦恼。大人从长大的那一天起就开始留恋和怀念童年的美好,幻想能再次回到童年,经历了生活磨炼的大人也更能懂得"郝完美"同学的呐喊。几米说:"这本书献给放弃追求完美的小孩和大人。"
小说类图书	《追风筝的人》	本书讲述了两个阿富汗少年关于友谊、亲情、背叛、救赎的故事,小说不仅表达了对战争的控诉,还对阿富汗种族问题和宗教问题有深刻地反映。这部小说在评论界获得广泛好评,但同时也在阿富汗国内引起巨大的争议
小说类图书	《朗读者》	本书是德国作家本哈德·施林克的一部长篇小说,一本曾获得四项大奖的畅销书。然而与它其他的畅销书是有区别的,《朗读者》是一本引人讨论和思考的小说,奇崛之中充满悬念
期刊	《心理发展与教育》	本刊是一本由教育部主管、北京师范大学主办的面向国内外公开发行的心理学学术刊物,主要发表发展心理学和教育心理学领域的高质量研究报告与论文,下设五个栏目,包括认知与社会性发展、教育心理学、心理健康与教育、理论探讨与进展等栏目
期刊	《中国心理卫生杂志》	本刊的主办单位为中国心理卫生协会,涉及学科包括精神病学与精神卫生学、健康心理学、儿童发展心理学、教育学、社会学等,是跨学科的学术期刊,全面反映我国心理卫生领域的研究现状和学术水平

续表1

类型	名称	简介
期刊	《青春期健康》	本刊是一本谱写青春故事、传播青春知识、解决青春问题、激发青春热情的杂志
	《青年心理》	本刊是团中央主管、中国青年出版社主办的一本青年心理健康杂志,内容包括情爱心理、青春心理、成功心理、性爱心理等。本刊全方位反映和解答了青年读者的心理困惑和人格发展需求
	《心理与健康》	本刊是由中国心理卫生协会主办的国家级心理科普杂志,设置栏目有专家论坛、热点话题、育儿教子、青春心语、人际广角、职场心理、婚恋心曲、心身保健、金色时光、众说减压等,能满足不同年龄和不同职业的读者对心理保健的需求
	《大众心理学》	本刊由教育部主管,华东师范大学主办,是一本面向大众的心理学科普杂志,设有以下栏目:心理咨询手记、心理辅导与治疗、学校心理工作坊、青年世界、婚姻家庭、职业天地、教与学、父母必读、社会心理百态、心语论坛、心灵茶室、教您一招、人物、知识窗

第六章 心理健康宣传

小君(化名)一直对心理学感兴趣,进入大学后当选为班级心理委员,最近在接受岗前培训。小君觉得这份工作很有意义,但班里的许多同学对心理健康不了解,甚至对她这个心理委员投以异样的眼光。还有一些同学认为"脑子有毛病"的人才会去心理咨询。经过一番了解,小君发现大家对心理咨询和心理健康的理解差异还挺大的,不过回想自己在参加工作培训之前对心理学也有很多"误解",看来真的如老师所讲,需要宣传普及什么是心理健康,什么是心理咨询,大家的认识正确了,才有可能采取正确的态度和行为。

通过前面对基础知识部分的学习,大家了解了心理健康的基本内容,可是作为一名大学生心理委员,我们怎么样让更多的同学了解这些内容?心理健康宣传是心理委员工作的重要内容,本章我们将一起探讨:我们为什么要进行心理健康宣传?宣传的主要内容包括哪些?如何有效开展宣传工作?

第一节 心理健康宣传的目的及意义

诚如本章开篇引文里小君的思考,大家只有对心理健康有了正确的认识,才有可能采取正确的态度,用合理有效的方法来维护自己的心理健康。科学心理健康观的宣传和普及对于心理健康的维护有重要的意义。

第六章 心理健康宣传

一、为什么要开展心理健康宣传

在现实生活中,很多人觉得心理问题离自己很遥远,总有一种"我心里很健康,别人才会得心理疾病"的错误认识,而实际上,每个人都可能出现心理问题。大学生正处于从青少年到青年的转变阶段,这个阶段本身就充满了成长的危机,他们需要更多的心理健康知识为他们的成长保驾护航。

1. 大学生的心理发展特点决定需要掌握心理健康的知识

从个体心理发展的角度看,大学生正处在青年初期,生理上已经成熟,但是心理发展却普遍滞后。一方面,大学生面临着前所未有的心理发展任务的挑战,从依赖到独立,从"只管学习"到"自主负责",加之现实的学业、就业、社会竞争等多方压力;另一方面,在高考指挥棒的引导下,一些家长和老师只看重学生的智力发展,而忽视心理健康,只教会和期待他们成才,却忘了教他们如何自处、如何应对挫折,在过度包办的管理模式下长大的大学生容易陷入各种激烈的心理矛盾和冲突之中。有人曾经这样形容大学生的心理生存环境:就像从来没有学过如何飞行的小鸟,一朝被推出巢穴,有的或许能够凭借曾经的试练翱翔蓝天,但是大多数可能会手足无措,仓皇展开翅膀,带着惶恐,开始跌跌撞撞学习飞翔。

一些大学生处于心理素质"先天不足"的状态,在面临心理发展任务艰巨的情况下进入大学,面对挑战和挫折,很容易出现各种心理失衡。大学生如果缺乏面对心理困扰的勇气,很可能会讳疾忌医,从而失去让自己学习如何应对心理危机的机会。所以,宣传科学的心理健康知识,让大学生借此了解自己,科学看待自己的各种问题,采用积极的态度,会让他们在学习飞翔的时候更自信。

2. 对心理问题的接纳程度有待提高

受传统观念的影响,人们能接受身体有病要去治疗,而不愿接受自己心理有问题。"我怎么会有心理问题呢,哈哈哈……"正是这样一种回避的态度,让他们失去了解决心理问题的机会。在大学生群体中,也有很多人害怕别人知道自己有心理问题,就对自己的问题讳莫如深,甚至掩耳盗铃地告诉自己,我不会有心理问题,选择自己一个人躲起来苦苦挣扎,而不去求助,最终将小问题拖成大问题。对心理求助行为的研究认为,对心理问题的"病耻感"是人们有心理问题而不去求助的主要原因之一。有人把心理的困惑当成秘密,被折磨得身心俱疲,殊不知"秘密一旦公开,就失去了力量",也就无法再折磨他了。消除或者减轻病耻感,才能真正面对问题,做出积极的改变。

3. 对心理健康知识的理解存在很多误解

跟同学聊天的时候,是不是也会听到"神经病"的笑骂?或者类似"你有病""我有病,你有药吗?"的玩笑呢?虽然是朋友之间的玩笑,可是这中间是不是也隐含了一些心理健康的知识和对心理问题的态度呢?

很多人对心理健康和心理学知识一知半解,在网上随便做一个心理测试就认定自己有或者没有问题,或者随便看了一部影视剧就想当然地以为"心理咨询原来是这样!"有些同学能认识到需要心理帮助的时候可以进行心理咨询,可是却想当然地以为,心理咨询就是把自己的问题抛给咨询师,咨询师会给一个正确标准的答案,带着对心理咨询这样的理解,必然会让同学在最初的心理咨询中受挫,咨询也难以达到理想的效果。

不难理解,对一个事物的认识有失偏颇的时候,很难能够让其为己所用,反而会被它缚住手脚,正因为如此,我们才需要进行科学心理健康观的宣传。

二、心理健康宣传的目标

对大学生进行心理健康教育宣传的核心目标是树立科学的心理健康观。在大学生中广泛宣传和普及科学心理健康观,具体来说需要在以下几个方面展开工作。

1. 关注自身心理健康

学校通过宣传心理健康的基本概念、大学生心理健康的标准,让广大学生认识到心理健康的重要性,时时以心理健康的标准为目标,自觉维护身心健康,为培养健全人格而积极努力。

2. 提升心理素质

学校通过宣传科学的心理学及心理问题的相关知识,增强学生的自我认识能力,以利于学生能自觉调整自己。所谓"知己知彼",方能"百战不殆",掌握和了解人的心理现象发生和发展的规律,能更好地了解自己,把握自己的生活。比如了解情绪的特点,就知道如何对待自己和他人的情绪,当自己生气或者愤怒的时候,就会学习管理情绪,而不是被情绪所控制。

3. 正确对待心理困惑

努力消除对心理问题的病耻感,让大学生以"接纳"的态度来对待心理问题,以便能够积极地应对。只有更多的人了解心理健康和心理疾病是怎么一回事,才能在自己或者身边的人遇到困扰的时候选择正确的方式去调整和应对,才能更好地预防心理问题的发生。

4. 知道如何进行心理求助

学校通过宣传提供信息,让大学生知道在需要帮助的时候,可以通过什么方式、在哪里得到最合适的帮助。在某种程度上讲,这些信息也提供了一种心理的安定感,至少让大学生们知道,他们有困难的时候,有人愿意提供帮助,他们并不是孤立无援。

第二节 心理健康宣传的内容

前文我们讨论了心理健康宣传的重要性,这一节我们来解决"宣传什么"的问题。我们首先需要就心理健康宣传内容的特点进行归纳,以便宣传工作更有针对性、更高效。

一、心理健康宣传内容要求

针对大学生的特点,心理健康宣传的内容应该具有以下特点:

1. 科学性

近年来,网络媒体有很多心理学的知识,可是其中很多内容的科学性有待考证。比如网上流行的星座及心理测试,通过看一幅图或者一道题就想探清一个人的性格或心理特点,未免太草率了,不足信。进行心理健康宣传的目的本身就是让大学生形成科学的观点和正确的态度,因此,心理委员在进行心理健康宣传工作时,首先需要把握宣传内容是科学的、有据可考的。

2. 系统性

了解一个事物需要全面和系统,这样才可显现其科学性和辩证性,心理委员在组织宣传材料的时候,也需要遵循人们认知事物的规律,从浅入深、由点到面、全面系统地介绍相关知识点。比如,要让大学生充分认识心理健康的重要性,不能仅仅一味强调重要性,而是需要就心理健康的具体概念,心理健康对生活、工作及大学生成长、成才的影响一一阐释清楚,才能做到有理有据。

3. 针对性

对处于信息大爆炸时代的大学生而言,每天接受的信息量如此丰富,如果宣传的内容远离大学生活,就很难吸引大家的眼球,宣传的知识点本身的系统性和科学性也无法得到有效的传达,因此在选择宣传内容时需要多考虑针对大学生的现实需要,宣传内容应该贴近大学生活。比如,介绍常见的心理问题、组织宣传内容材料时需要考虑大学生的特点,很明显,社会上普遍的婚姻家庭矛盾不是我们的重点,而恋爱和亲子关系却是大学生需要学着去处理的。

从服务对象来讲,心理健康宣传是针对全体大学生的,也就是说大学生心理健康宣传工作的核心内容要针对大学生的需要,而且是大部分大学生心理成长的需要。把大部分人当作工作主体,就不能仅仅只宣传心理疾病的防治或者一味追求猎奇的趣味性而忽视了我们的重点工作,就是帮助大家提高个人成长中"自主"和"自助"的能力。

二、心理健康宣传的主要内容

有助于提升大学生心理健康水平的知识都可以作为宣传的内容,主要可以包括以下几类:

1. 心理学基本知识

经调查,多数大学生没有学过心理学,不了解心理学的基本知识,甚至对心理学存在一些误解。大学生学习心理学基本知识,能够更好地理解人的心理现象,以科学的态度看待成长和发展中的各种心理问题,减少因缺乏知识产生的困惑和问题。同时,大学生学习心理学基本知识还可以健全知识结构,扩大理解社会、理解人生的视角,促进自我成熟和发展。

心理学的分支学科很多,有三门学科的内容与大学生学习和生活密切相关。首先是基础心理学,是对正常的成年人心理现象规律的诠释;其次是发展心理学,介绍心理发展的规律以及各个年龄阶段的心理特征;最后是社会心理学,介绍社会生活中的心理现象及其规律。这三部分基本知识对于理解大学生活中的各种心理问题有很大帮助,例如基础心理学中对情绪产生机制的解释可以帮助大学生更好地觉察和控制情绪,发展心理学中对大学生心理特征的介绍可以帮助大学生理解自身的特点,社会心理学中社会知觉的知识可以帮助大学生理解人际交往中误解产生的原因。

2. 心理健康与心理障碍相关知识

心理健康知识包括心理健康的概念、标准,心理健康的意义、影响因素等方面。大学生了解心理健康知识,可以明确良好心理状态的标准,树立主动维护心理健康的意识,理解导致心理问题的原因。心理障碍也叫心理疾病,这部分知识主要介绍常见心理疾病的表现,这些知识可以让大学生在自己或周围人出现心理障碍时及时识别,以便及时寻求心理治疗或者医疗的帮助。

3. 大学生自我与发展相关问题的自我调节及应对

大学生在学习生活中会遇到一些问题,并由之出现心理困惑,如何看待这些问题,如何顺利解决问题,减少对自我发展的影响,是大学生心理健康宣传的主要内容。大学生常见的问题包括:入学适应问题、自我认同问题、学习问题、人际关系问题、婚恋问题、网络依赖问题、人格完善问题、职业与就业问题等。

4. 解决心理问题的方法和途径

各种问题都会引起人的情绪困扰和行为反应,当出现各种心理问题时,如何进行自我调节或者求助,是大学生心理健康宣传的一个主要内容。这部分内容包括情绪调节和行为控制的方法、挫折与应对、心理测评、心理咨询、心理危机的发现与干预、求助技巧等方面的知识。

三、学校心理健康教育类服务信息

学校心理健康教育宣传不仅可以宣传各种知识,还可以提供各种服务信息,力求让更多学生参加各类心理健康教育类活动,增加他们的心理知识,丰富他们的体验。心理健康宣传活动和心理健康教育服务的信息也是宣传的重要内容。

1. 课程类教育

高校基本都开设了心理健康教育类的课程,通过对相关课程的宣传,鼓励大家选修课程,主动地学习,以求更系统地了解某一方面的心理知识。课堂教育有具体的内容,由专业老师授课,是大学生获得心理健康知识的重要途径，值得心理委员的推广。如果普及了心理健康通识课程，宣传工作的任务也就通过课堂得到了落实。

2. 心理咨询服务

（1）心理咨询室地点、值班时间。高校基本都设有心理咨询室，有专业心理咨询老师值班，为学生提供免费的心理咨询服务。心理委员需要对学校心理咨询室的地点、有什么设备、提供什么样的服务、预约的方法和途径等信息进行宣传，将这些内容清楚明白地介绍给每一个同学，在传达"学校关心大家的心理健康"的信息，提醒大家主动对自己的心理健康负责，在需要帮助的时候，第一时间知道可以如何求助。

（2）电话咨询的热线号码及服务时间、网络咨询服务内容。有些学校提供了电话咨询或网络咨询服务，这一信息也应该被广泛宣传，让广大同学可以充分利用资源。有些学校暂时没有条件，也可以提供一些相对专业的社会心理求助热线和网络咨询网址。

3. 心理健康教育活动

学校可以开展心理健康讲座、团体辅导、心理沙龙等各种心理健康教育活动。关于活动的相关宣传需要提前而且充分，保证有需要的同学收到相关信息，包括活动开展的时间、地点、参加要求、主题内容、活动形式以及可以获得什么样的成长等，也鼓励大家参加活动，获得成长，比如"5·25心理健康宣传周"的各项活动内容。

4. 学校学生社团或者心理委员团队的各种工作

学生自发组织的心理社团成员、班级心理委员是宣传员，承担宣传的任务，同时，社团和心理委员组织本身及开展的活动是宣传的内容。通过对协会、心理委员组织及相关活动的宣传和报道，让更多大学生感受到协会、社团及心理委员工作团队的精神和力量，也是对心理健康的有力宣传。

5. 网站、图书馆等自助资源

学校心理咨询中心一般都会有自己的网站，网站会公布学校心理健康教育相关的各类活动的最新动态。借助网站进行宣传的前提是对网站本身进行宣传。学校的图书馆里一般都有心理科普类的藏书，收集整理这些资料，就此进行宣传，让图书馆资源得以利用。

除了学校的网站资源和图书馆资源，网络中也有一些比较好的心理网站和图书资源介绍，可以介绍给大学生，以备大家自助学习。当然在纷繁复杂的网络世界中需要用辩证思维，选择科学和客观的知识为我所用。

第三节　心理健康宣传的途径

在"百度百科"输入"心理健康宣传"进行搜索，其中一条是"大学生心理健康宣传周"，解释如下：

为宣传大学生心理保健知识，增强大学生对心理健康重要性的认识，提高大学生心理援助的能力，培养校园良好的心理氛围。每年的5月25日所在的星期被定为"大学生心理健康宣传周"。5月25日是全国大学生心理健康日，"5·25"的谐音即为"我爱我"，提醒大学生"珍惜生命，关爱自己"。核心内容是：关爱自我，了解自我，接纳自我，关注自己的心理健康和心灵成长，提高自身心理素质，进而爱别人，爱社会。

大学生心理健康宣传周一般会组织许多活动让同学们参加，一般有：心理情景剧、心理宣传影片、心理小贴士、心理征文以及一些愉悦身心的相关活动，并组织一些相关的心理测试，帮助大家缓解学习、就业等方面的压力，提高自身心理素质。(引自：http://baike.haosou.com/doc/2411703-2549728.html)

在网络科技如此发达的今天，我们的宣传工作必然要借助网络的力量，当然也要结合大学生社区的特点，综合运用其他的途径和方法。本节我们就来讨论心理健康宣传的途径与方法。

一、心理健康宣传的途径

1. 书面形式

书面形式指通过书面材料来呈现宣传内容。针对不同的宣传内容，具体所用的形式也有不同。

（1）宣传标语。宣传标语是传统、经典并高效的宣传手段，而且相对简单易行。比如可以将"爱自己、爱他人、爱生活"这样简单而充满正能量的句子贴在每个宿舍的门边或者任何同学们容易注意到的地方。内容简洁通俗、效果美观、标识位置等都是标语是否具有影响力的重要决定因素。

（2）宣传卡片、手册。高校提供的心理健康服务信息往往会通过卡片、宣传单页，或者带有这些信息的小文具进行宣传。比如，将心理咨询室的地址和服务时间印制在便签本、卡套、圆珠笔、课程表上等，再将这些东西作为小礼物发放给学生，既让人感到温馨，又能收到持久宣传效果。宣传手册则往往用来宣传信息量比较大的心理健康相关知识，很多高校的学生服务部门都会编印这样的手册材料供学生了解更多知识。卡片、礼品宣传和手册，从内容的编辑到印制都需要有一定的经费支持，对于心理委员来说，可能更多的工作内容是提供创意、协助编印、及时发放以及就这些材料本身进行宣传。

（3）宣传栏、海报、展板。宣传栏一般设置在人流量比较大的公共场合，可以用于宣传一些心理健康小常识或者关于学校心理健康机构的介绍、心理健康课程的开设等。海报可以用于宣传开展的心理健康活动，介绍活动的主要内容、形式、主办单位、时间、地点等内容，比如某学院将组织心理沙龙活动，通过海报对此活动进行宣传，邀请同学参加。海报的语言要求简明扼要，形式要做到新颖美观。展板宣传的内容可以是小常识、课程宣传或者活动内容，内容相对灵活，而且展板是活动的，一般放置在心理活动的现场，用于增强活动宣传的效果。就心理委员的工作而言,这些都是可以灵活加以利用的。

2. 宣传活动

学校可以通过心理讲座、团体心理辅导、心理沙龙、心理影视赏析、心理情景剧、心理测试等宣传教育活动宣传心理健康知识。相对于书面形式的宣传,宣传活动是人与人之间的互动,宣传者的主动性更强,需要受众的参与。书面宣传是让大家"读万卷书",宣传活动则是在践行"行一步路",让同学在活动中有认识、有体验,而将活动所得应用于日常生活,就是真正的"行万里路"了。

在以班级为单位的活动中,心理委员承担着策划、组织和实施的全部工作,具体方法参见第七章。而在学院或者学校组织的各类心理健康宣传活动中,心理委员承担的策划的工作相对较少,更多的是积极组织班级同学参与活动,对活动的宣传也是宣传工作的重要内容。

3. 广播、音频、视频等多媒体宣传

广播在电视媒体之前风靡一时,虽然现在不再流行,但是校园广播仍然因为贴近大学生而具有广泛的影响力。通过校园广播进行心理健康宣传是可大可小的工作,有些高校广播台本来就设有心理健康相关节目,心理委员可以鼓励大家进行关注,主动参与节目互动。有些高校广播台可能还没有设立专门的心理健康节目,但是心理委员也可以在相关平台多投一些稿件或者多引起相关话题讨论并借此进行宣传。比如临近"5·25"时在校园点歌台,为班级或者学院的同学送上一份祝福,提醒大家关爱自己。

现代的教育离不开多媒体,基本上高校的教室里都配有多媒体设备。心理委员可以在课间或者班级其他活动中,借助多媒体设备给大家播放一些有关心理健康的视频。比如,有人把《谁动了我的奶酪》制作成动漫小视频放到网上,心理委员可以放给同学看,借此告诉大家要勇于改变和尝试。

4. 网络及新媒体平台

网络在当今社会的影响力越来越大,人们的生活正越来越多地与互联网发生联系,大学生除了通过面对面告知、手机联系获得信息,还通过 QQ、微信来获得信息,还会通过网络来主动查询和学习一些信息,那么这些信息渠道也可以用来进行心理健康宣传。比如,微信有一些有关心理健康的公众号,心理委员可以推荐同学们关注。心理委员还可以在微信群、QQ 群转发有宣传价值的内容,宣传内容的形式可以是图片、视频、美文等。

二、心理健康宣传的方法

1. 简单的重复

曾经有同学分享了她的一段个人感受,高中毕业很久了,每每想起高中校园,首先映入脑海的不是教学楼,不是球场,而是树立在教学楼前主干道旁边一个标语牌,上面写着一句话"燕雀焉知鸿鹄之志哉?"虽然她也没有因此而立下鸿鹄之志,但是这块牌子,这句话深深地印入她的脑海。问她为什么,她的回答平淡无奇:没有故事,只是因为三年来,每天几遍走过它,每次都不经意在心里默念一遍,想不印象深刻都难了。

一句话、一个标牌之所以具有这样的影响力,是因为被重复了一遍又一遍。宣传工作也是如此,不是内容繁杂就好,也不是方法先进就好,"简单重复"就是影响力,所以不要小瞧一个标语的力量。当然,内容要积极向上,这是表达宣传的诚意,标语美观、选择合适位置,这是宣传技巧的表达。

除了标语以外,其他的宣传途径也一样,不用担心重复,有人说"重复 7 遍的东西才能记住",我们且不去考察到底我们需要重复多少遍才能记住,但是对于重要的东西,不妨多重复宣传几次。

2. 针对不同需求分层次

前文讨论的心理健康宣传的内容,有很多东西都应该被宣传,但是当进行具体的宣传工作时,还应该考虑宣传对象对这些内容的需要程度,不能一厢情愿地进行宣传,如果宣传者热情有余,而被宣传者觉得没有意义,那么宣传效果自然就会事倍功半。因此,宣传应考虑不同学生对心理健康的各种知识的需求和接受程度不同,要分层次选择合适的内容。所有的大学生都应该知道心理健康的标准,关爱自身心理健康,还要知道如何进行心理求助,这是心理健康宣传的核心的基础内容。对于少部分心态不太好的同学,学校要多鼓励他们参加心理健康宣传活动。对于大部分对心理学感兴趣的同学,学校应发动他们积极多学一点心理学的知识,充分运用心理学的知识来完善和充实自己。

3. 充分运用网络资源

这是一个信息大爆炸的时代,坐在电脑前敲键盘、点鼠标就能了解很多事。心理委员大部分都不是心理学专业的学生。借助网络我们可以学习到很多心理健康的知识,也可以找到很多别人整理好的宣传材料,可经过选择后为我所用。比如,面临大学的第一次期末考试,心理委员可以在网上找一些考前心理调整的资料,点击鼠标就能轻松分享给同学。当然,当你对分享的内容需要进行一些科学的鉴别,转载和分享的时候,要注意尊重原创的版权,以充分正当地运用网络资源。

三、心理委员自己就是最好的宣传

心理咨询行业里有这样一句话,"心理咨询最好的工具就是咨询师自己",同样的,对于心理健康宣传工作来说,心理委员自己就是最好的宣传。

1. 宣传者是最形象的宣传材料

之前讨论宣传材料的形式、宣传的方法,归结其本质,心理健康宣传其实也是影响人的工作,那么没有比宣传者本身更好的宣传材料了。试想,如果一个品牌的代言人被发现根本不屑于用这个品牌,那么宣传的效果自然大打折扣。作为心理委员,你就是班级心理健康的形象大使与代言人,需要充分地学习和相信你所宣传的观点,坚定你所宣传的态度,实践你所鼓励的行为,这样才是一个具有公信力的合格宣传者。所以,心理委员的自身学习和成长对于能否更好地完成宣传工作至关重要。

2. 影响和发动你身边的人

人与人之间必然相互影响,你与你的同学、老师之间每天都在发生人际互动,无论是现实的学习和工作,还是通过互联网的交流,你的观点、想法、态度和行为必然会影响周围的人。那么心理委员自身的一言一行,都可以是对心理健康核心理念的宣传。正如本章引文中的小君,因为自身的关注,引发了同学的一番争论和交流,虽然小君还没有让大家接受科学观点,但是至少让大家关注到心理健康这个话题,而且真理总是越辩越明,大家经过讨论,必然会产生新的想法。

3. 自我成长与宣传工作

本书的第一章就提到了心理委员的自我成长,在讨论宣传工作的最后,中肯地提醒充满工作热情的宣传大使们,心理健康的宣传工作是心理委员工作中很重要的部分,同时也是一项并不容易的工作。在工作的过程中,你可能会发现想做好一点点、小小的宣传工作都困难重重,可能备受阻挠或者不被理解,希望你带着满满的热情,发挥你的聪明才智,用多一点耐心来面对这份工作。

宣传也要有坚定的声音、坚信的决心、坚持的耐心。

第七章　班级心理活动的组织

　　经历过紧张的高考,怀着期待而又忐忑的心情来到北方的一所高校,看到古旧的建筑、全新的校园、陌生的同学,小张感到一切既新奇又陌生。在投入紧张的大学生活后,小张突然发现大学生活虽然有着摆脱父母束缚的兴奋,但也明显感到孤独和不安。很多课都是大班教学,开学1个月而自己连班里同学都没认全,更谈不上有很好的知心朋友,小张越发觉得孤独,不知该如何才能与班级同学打成一片,形成与高中时期一样融洽的同学关系。

　　这是很多同学进入大学后的第一感受,班级太松散,在班里总是感觉很孤独。有的同学甚至到大三、大四在班里还是找不到自己的舒适位置,从而造成一些同学更加逃避参加班里的活动,形成封闭、孤独的人际圈子。当这些同学出现问题时,很难找到人帮忙,因此可能会引发危机。

　　很多辅导员或班主任或班委都注意到这些可能的情况,为了形成良好的班级氛围,基本上很多班级都会在大一到大四之间开展很多活动,以促进同学之间的熟悉、认识和交往,从而让同学感受到班级的温暖,在班级中能感受到被接纳与支持。近年来,随着学生心理发展的变化以及社会大环境和家庭小环境的变化,同学们的视野更为开阔,活动的形式也更为丰富,相比而言,内容陈旧、形式单调的班级活动往往很难调动学生的积极性,活动效果不明显,达不到想要的效果。

　　针对这种情况,新的班级活动形式的出现迫在眉睫,如何根据学生的身心特点,开展他们感兴趣的活动,是心理委员要思考的问题。这也是本章的由来。

第一节 班级心理健康活动的目的

班级心理健康活动是根据学生的身心特点,在辅导员或心理委员及其他班委的组织下,班级全体成员参加,以解决学生成长中产生的困惑、促进他们心理成长为目标的各种班级活动。这种班级活动特别强调互动、体验和分享。

由于班级同学年龄相仿,心理发展水平基本相同,拥有基本的心理发展课题,因此组织和开展班级心理健康活动是非常合适的。它不仅有助于增进同学间的沟通和了解、消除同学间的矛盾、增强班集体的凝聚力,还可以促进学生的心理发展、完善学生的心理品质、提高学生的心理调适能力。

1. 班级心理健康活动的目的

现代社会强调活出自我,更多地关注自身的感受、关注自身的发展,但很多时候人们往往忘记了人都是在与他人的互动过程中才能更多地感受自我、更多地体验自我,在与他人的关系中逐渐确立自我的定位。

现代社会的流动性比较大,很多同学随着父母的工作不断地迁移,或者因为上学而不断地从一个人际圈走到另一个人际圈,从而造成没有长期稳定的人际关系,形成了很多浅层的人际交往,而这种人际交往较为松散,并不能够满足个体与人互动、形成稳定人际关系的需要。

同时,现在的大学生大多是独生子女,他们从小没有与兄弟姐妹的互动,没有与兄弟姐妹形成的人际圈,也缺少过去那种与周围邻居、朋友形成的紧密亲近的人际圈。从幼儿园开始,很多孩子的时间都在学校、各种辅导班中度过,他们的主要人际交往圈都是在班里,因此各种班级成为他们的重要的归属圈。他们对自我的认识除了父母、亲戚、老师给予的反馈,就是班级同学给予的反馈,因此班级对现在的学生的意义就非常重大。

从幼儿园到高中，同学们在班级中不光学习知识，还进行人际交往。因为年龄相仿，心理发展水平相近，整天接触的内容一样，还有大量的时间与彼此待在一起，他们有更多的机会相处，很自然地满足了人际交往的需要，也使他们有了归属感。然而，在进入大学后，班级松散，几乎没有固定的教室，有很多大课与其他班同上，很多同学因为选课不一样，也会整天穿梭于不同的教室上课，很多同学在上大学一个月后连班里同学都认不全，以往能够形成良好人际关系的模式被打破了。很多同学感到孤独、不知所措，不知道自己的归属。虽然很多班级会开展很多活动，但由于部分活动形式单调、内容陈旧，依旧起不到效果，因而很多同学依然存在孤独与无归属的感觉。

为了弥补大学班级交往不足的缺陷，辅导员或心理委员可以根据班里同学的身心特点，积极开动脑筋，寻找一些同学们感兴趣的话题或者同学们有困扰的事情，一起讨论或组织活动，积极开展班级心理健康活动，延续以往的人际交往模式。一方面，活动可以增强班级同学们的人际交往，增强他们的归属感；另一方面，活动可以增强他们成功应对人际交往的信心，抒发他们的情感，宣泄各种情绪，让情绪找到出口。同时，同学们将视线从对自身的关注转移到对他人的关注，并且通过这种关注，获取更多的信息，充实自己，并让同学看到自己的所思、所想与他人的是否一致，进行思想与感情的沟通、碰撞，从而培养良好的表达能力、理解他人的能力以及共情的能力。最后，通过班级心理健康活动的开展，同学们共同经历一些有趣或快乐的时刻，当遇到困难时，能够寻找他人帮助，并且能够在遭遇困境时，提取积极的情绪情感，从而应对困难，提升自我价值感。

2. 班级心理活动的特征

(1)活动性。班级心理健康活动主要采取的是各种活动，使同学在活动过程中提高口头表达能力、宣泄情绪、更好地理解他人，让同学在一系列基于他们生活实际的活动与情境中进行体验，调整他们在认知、态度、情感以及行为上的转变，通过同学的互动及相互影响，促进其反思和成长。

（2）参与性。形成一种安全、开放的氛围，让同学能够积极参与活动。同学的积极参与是整个班级心理健康活动成功的重要保障，因为同学认知上的改变、情感的迁移、新行为的建立和强化，都有赖于较高的参与度，以及因为参与而产生的交流和互动。在互动过程中，同学才能深刻体验各自在认知、情感上以及行动上的不同，从而促进其思考，进而转变。

（3）体验性。班级心理健康活动的形式多样，但主要以体验性活动为主，讲座、知识普及等为辅。心理委员与其他同学一样，都存在一些同龄人所具有的困惑或问题，因此他们给同学普及知识时也只能普及一些基本的，太深层次的不一定能涉及。但他们可以组织一些活动，让每个学生参与其中，进行自我探索、自我了解，并可以带头将自己在参与活动过程中获得的体验与感悟与其他成员进行探讨、分享，从而形成一种开放、信任的氛围，体验自我感受，反思自我成长，认识自我与外界以及与他人的关系，促进人格的成长。

（4）趣味性。传统的班级活动在大学阶段已经越来越不受同学的欢迎，因此要在班级心理健康活动的设计上下功夫。辅导员或心理委员应该重点考虑何种形式的活动能引起同学的兴趣，并确定是大多数同学所感兴趣或所共同面对的困扰或问题。活动一开始应尽可能生动有趣，引发同学情感的共鸣，让同学觉得有意思，愿意参与，这是很重要的开始。

（5）和谐性。开展班级心理健康活动的目的不但能促进同学的自我成长，而且能创造一种和谐的氛围，有利于班级安定团结和班级各项工作的开展。在这种和谐氛围下，同学间的交往会使真情流露。当营造出一种开放、安全、和谐的班级氛围时，同学可以卸下各自戴的面具，以真实自我面对他人,当面对困扰时可以积极寻求同学帮助,减少危机事件的发生。

第二节　班级心理健康活动的设计

在开展班级心理健康活动之前,要仔细设计活动,切不可匆忙上阵。好的班级心理健康活动可以激发同学参与活动的热情,激发他们持续地参与活动,并不断地进行自我体验、自我发现、自我探索、自我改变。因此,在设计活动时应从以下五个方面考虑:

1. 班级心理活动方案设计的理论架构

任何活动的基础都是基于活动对象的情况,因此首先要了解班级同学的身心发展状况。具体来说要重点考虑以下问题:

(1)正常个体在某一阶段的正常发展的特征、期望、任务和行为是什么?

(2)个体在某一阶段的发展过程中可能会受到哪些阻力?

(3)在现有基础上,采用何种活动方式能够促进个体的发展?

针对这些问题,发展心理学中的毕生发展观,如哈维格斯特的综合适应发展理论、埃里克森的人格发展阶段论等给我们提供了清晰的指引。配合相关理论揭示的学生身心发展的成熟度与可能的困难,可设计相关的专门活动,提供各种新的、广泛的良性互动,从而达到成长的目的。

2. 团体动力

班级活动的良好开展,往往要看班级系统中的动力如何,因此班级团体动力就成了设计与实施心理教育活动时不可或缺的考虑因素。团体动力包括四个系统。

(1)个人系统:学生在日常生活中所表现出来的人格特质与行为模式。

(2)成员系统:学生在学校环境中,特别是班级团体中所表现出来的特质与行为。

(3)团体系统:学生在学校环境中,特别是班级团体环境中,彼此互动状况与人际行为。

(4)团体作为一整体的系统,整体的学生行为表现所呈现出的团体气氛与特质。团体的表现被视为一个整体所得的观感。

上述四个系统是互相重叠的,设计活动时要注意观察与了解将开展心理健康活动的班级的团体动力,即要考虑在四个系统层次上学生的互动状况与影响效果。

3. 班级心理健康活动目标的设计

班级心理健康活动的目标是对大学班级心理健康活动的预期,是班级心理健康活动的导向,活动的主题与形式都是围绕目标确定的。

大学班级心理辅导活动的设计可以根据大学生的年龄特点、心理发展状况确定大学四年的总目标、年度目标、学期目标,然后确定本学期的各主题单元目标,之后,根据主题单元目标的要求选择和确定各小单元目标。

当设计活动目标时,心理委员可以设计一些简单的问卷来了解同学,以学生成长的需要和困惑为主题,还可以直接与班里同学讨论可能形成和达到的目标。学生参与探讨的目标更容易被学生看作是"自己"的目标。

在实际活动过程中,最终的目标是围绕大学四年的总目标,即增进自我探索,促使人格健康发展。每次班级心理健康活动的目标依赖于活动的时间长短,如果一个班级心理健康活动的时间在2个小时左右,我们可以这样设计,即总目标—主题单元目标—小单元目标。总目标是大学四年的目标。单次班级心理健康活动的主要目标就是主题单元目标,即围绕一个中心问题(如自我认识),用几个系列的小单元活动来完成的相关活动。主题单元活动可使学生获得相应的经验,达到预期的结果。小单元目标是与主题目标的实现密切联系的具体辅导活动目标,如在"自我认识"的主题单元目标之下,可设计"现实中的我""理想中的我"等小单元目标。如果时间有限,如1个小时,那么我们可以将主题单元目标分阶段实施,如第一星期开展"现实的我",第二星期开展"理想的我",但切记不可将一个连续活动的战线拉得太长,以至于同学忘记之前的活动内容,达不到自我体验的目标,那也就不能促进同学的自我改变与发展了。

4. 班级心理健康活动的内容设计

班级心理健康活动的内容设计要与目标保持一致,根据目标来选择合适的内容。班级心理健康活动的内容丰富,常见的相关主题有:学习、生活、恋爱、人际关系、自我成长等,每个领域都有其具体的内容。因此,心理委员设计内容时要注意把握原则:内容既要与学生的成长密切相关,又要能引起学生的普遍关注。

具体如下:针对大一学生,心理委员可以组织开展各种以适应为主题的班级心理健康活动,如新生适应、学习方法、人际交往、规划大学生活等,甚至是宿舍关系、饮食问题等都可以成为活动的内容。

在大二时学生普遍会出现迷茫、困惑的感觉,有些学生甚至会失去学习动力,出现网络成瘾、挂科、留级等问题。因此,在这个阶段,心理委员可以设计如专业学习、心理发展、兴趣爱好、网络成瘾等相关内容的心理活动。

大三学生面临新的选择,如是保研、考研还是就业、出国等问题,让很多同学不知如何做出选择,因此,针对大三学生普遍出现的抉择问题,或者随之产生的心理压力,心理委员可以开展人生选择、考研、压力缓解、就业的模拟招聘等相关内容,从而尽量帮助同学缓解压力并在讨论的过程中做出合理的选择。

针对即将离校的大四学生,有的学生会产生迷茫、恐惧未来、担心自己不能胜任的感觉。在这个阶段,大多学生会表现出对大学四年留恋的情感。因此,心理委员针对这个阶段的特点,可以组织社会适应、职前训练、离别赠言等相关活动,从而帮助同学平稳地走过大学的最后一个阶段。

5. 班级心理健康活动的形式设计

班级心理健康活动的形式多种多样,不必拘泥于某一种特殊的形式,如活动可采用讨论、报告、参观、表演、绘画、作业、辩论等方式,也可以运用调查、心理测验、咨询、角色扮演、游戏治疗等,这些方式、方法,均应以活动目标的达成作为首要考虑,再结合活动内容、性质和学生的需要,选择一种或两种以上方式进行,设计出活动流程。

在确定班级心理健康活动的内容后,心理委员可根据具体内容设计采取不同的形式。如为了更好地宣传心理健康,心理委员可以建立班级QQ群、微信群、通信录、电子档案等,把班级同学的联系方式囊括其中。心理委员可以定时向同学发送一些心理健康知识或者是轻松有趣的小故事,促进同学的心理成长,也可在博客或论坛上开辟班级空间,为同学们提供一个抒发自己心灵感想的场所。

在班级互动方面,心理委员可以制作一张班级同学的生日表,在同学过生日的时候发祝福短信,只言片语,让他们觉得自己从来都不是孤独的,而是真实且紧密地生活在温暖的班集体中;可以建立心理心情日志收集同学的心情话语,或同学的"经典语录",打油诗或原创的笑话,或是生活中的趣事,结集成册,留存一段美好的回忆;可以在大学时光中用心地收集同学几年中的成长故事、生活剪影、同学聚会、班级运动会或军训照片,以文字、图片等多种形式表现出来,在大四毕业前开展离别赠言时,展示出来,从而让同学看到自己在大学四年的成长与变化,珍惜生活,带着自信迈出校门。

同时，心理委员还可以采用游戏活动形式，根据选定的主题设计一些联合游戏，由同学们共同参与制订游戏主题和方案，在游戏中增加心理互动，营造融洽向上的心理氛围。比如"寻宝"游戏，在校园或规定的范围内，事先由组织方"藏宝"，再在规定的时间内，让同学们自愿结伴或分组寻找宝物，结果没有优胜之分，旨在通过活动发掘同学的好奇心、探索欲望，增强通力合作。

活动形式也可以选择由班里同学分组进行心理剧的排演。心理剧是通过扮演当事人或当事人借助舞台来表现他们的各种典型心理问题，从而让学生受到启发教育的一种团体心理训练方法。心理剧要贴近学生的生活，内容应是同学所熟悉的，所要表达的困惑或思考也应是同学所普遍存在的。在编写与排演的过程中，不但能提高同学的写作水平，也能促使他们对问题进行深思和反省，不论心理剧的结果如何，都会激发班里同学思考，并在此基础上引发头脑风暴，让全班同学集体献策，找到比较好的处理问题的方法，通过这种方式，可以锻炼同学应对问题和解决问题的能力。

同时也不要忘记传统的班会形式，向同学们征集感兴趣的话题，激发同学们的参与热情，让同学们畅所欲言地发表自己的意见，交流经验，探讨解决问题的技巧方法，提高同学们心理调控和适应的能力。

当了解同学普遍所困扰的问题或心理发展内容时，心理委员可以组织同学观看心理影片，并在观看影片后组织同学用文字或言语来表达自己的所感所想，互相交流想法，共同感悟和成长。心理委员还可以通过采用心理漫画的形式，让同学用画笔来表达自己的内心感受，重点不在于画得多好，而是通过绘画，分享同学的所想所思，促进彼此的沟通与交流。

当心理委员发现有些内容自己不能够独立完成时，可邀请一些老师或学长、学姐帮助完成。邀请心理老师开展一些相关的专题讲座，如学习、恋爱、人际关系处理技巧等。如行为训练,行为训练是在心理老师指导下,针对如何提高自信心,人际交往技巧的训练,通过学习心理学的相关知识,引发认知上的改变,发现自身的问题与不足,在训练过程中逐渐使用一些技巧来改变自己的行为。心理委员还可以邀请学长、学姐对大一新生进行侧重适应、独立能力的指导;大四时邀请毕业的学长、学姐或者相关企业人员开展职业心理、面试技巧的讲座。

第三节　班级心理健康活动的组织与实施

在对班级心理健康活动进行良好的设计后,心理委员就可以组织和实施班级心理健康活动了。在活动正式开始前,心理委员要花费较多的时间和精力,组织人员,准备场地、设备、物资。心理委员可以动员同学们一起参与到准备工作中,一方面增强活动效果,另一方面引起同学的好奇感和兴趣,让其渴望参加后续的活动。大学生精力充沛,敢做敢想,富有创造力。开展活动时,同学们有时会有一些非常有创造性的想法,深受同学喜爱,但如果不注意安全性,可能引发无法估计和没有办法弥补的后果。因此,心理委员在组织活动时,一定要充分考虑各方面的安全,使同学们在安全、健康、开放的氛围中完成班级心理健康活动。

一、班级心理健康活动的流程

一般而言,2个小时的班级心理健康活动会有一个非常完整的流程,这个流程与团体心理辅导的流程基本相似,主要包括以下几个方面。

1. 破冰活动

这种活动的目的就是热身,通过游戏、音乐、运动等方式激发学生参与的热情,让所有参与者都投入到活动中来,营造一种放松、接纳、相互信任的氛围。破冰活动有很多种,团体活动中常用的有"大风吹""松鼠与大树""你动我动""攒钱"等。

2. 活动导入

在活动正式开始之前,心理委员要向全体同学说明活动的主题、时间、规则与要求等,慢慢引导大家进入活动中。

3. 工作阶段

通过有针对性的具体活动,心理委员要鼓励同学们全身心地参与其中。在工作阶段,同学们学习新的经验,探索自我,开放自我,接受挑战。因此,这一阶段是班级心理健康活动的核心,占据了整个活动的主要部分。这个阶段要尽可能表现出体验性、互动性和参与性,而不是空洞的说教和纯粹的知识灌输,要让同学们在活动中去感受和觉察。

4. 领悟与分享

领悟与分享是班级心理健康活动的核心,也有别于一般活动的重点。班级心理健康活动不能仅仅停留在热闹的游戏和活动中,那样会失去班级心理健康活动的意义。因此,在活动结束后,甚至在每个环节结束后,心理委员都要引导同学去领悟、分享心理感受,鼓励学生通过自我体验、自我领悟、自我实践,达到自我成长的目的。这是班级心理健康活动设计与实施是否达到心理成长目标的关键所在。如果心理委员不引导同学发言,同学的想法不能彼此碰撞,就很难取得应有的效果。引导同学发言可以采用以下问题:

能说说你在活动中的感受吗?

你的感觉怎么样?

当时你是怎么想的?

这个活动给你有什么启示?

5. 促成行动

如果有需要,心理委员可以帮助同学把活动中领悟到的东西巩固下来。由于都是同班同学,在形成良好的人际关系后,彼此之间可以督促与激励,促使同学在活动结束后,用新的适应性行为代替旧的不良行为。

6. 总结

在班级心理健康活动结束后,心理委员要及时对活动进行总结,对活动效果进行评估,寻找差距和不足,为以后活动的开展积累经验。

二、班级心理健康活动的评价

班级心理健康活动的评价是指对活动的设计、实施情况及效果所进行的科学分析和判断。评价具有教育、改进和激励的功能,评价过程应成为促进同学成长、心理委员发展和辅导实践不断改进的过程。由于班级心理健康活动的特殊性,其评价在总体思路上应是目标达成评价与过程评价相结合。鉴于此,评价的范围应从以下几个方面考虑:

1. 活动设计方案评价

(1)活动设计中班级心理健康活动的理念是否正确,是否体现了班级心理健康活动的基本特点。

(2)活动目标是否有科学性、针对性、可操作性,活动内容、形式是否与活动目标一致。

(3)活动内容、形式是否符合大学生心理发展的特点和心理发展的需要,是否符合班级团体成长过程中的特点。

(4)活动设计是否有层次性,情境的设置是否真实、自然、贴近主题,能否体现出学生是活动的主体。

(5)活动形式是否多样,衔接是否自然、紧密、有一定的艺术性与创造性。

(6)活动设计是否能最大限度地激发学生积极参与和体验。

2. 班级心理健康活动过程评价

(1)活动过程是否具有安全、温暖、相互尊重的班级团体气氛。

(2)班级同学之间是否建立了一种民主、平等、合作的关系。

(3)活动过程中是否充分体现出班级同学之间的互动与交流。

3. 辅导活动效果评价

(1)对班级团体的评价。班风是否有积极的改变？班集体的凝聚力是否增强？同学对班级的满意度和集体荣誉感是否增强？

(2)对学生个人的评价。对学生个人的评价主要以学生自评为主，同时采用班级成员互评的方式。评价内容如下：

态度：第一，参与的态度。评价学生是否关心他人，是否对所参与活动有兴趣，评价学生是否成为积极的行动者。第二，进取的态度。评价学生是否有信心接纳他人；当遇到困难时，是否能采取积极进取的态度去对待。

能力：评价学生在人际交往能力、语言与沟通能力、协调与合作能力、领导与被领导的能力、自主能力与创新能力等方面是否有发展。

认知：特指学生的认知风格和价值观。评价学生的认知风格是否得到改善，是否具有积极取向的价值观。

情绪：评价学生的情绪监察、情绪管理能力是否得到提高。

行为：评价学生的消极行为是否减少，积极行为是否增加。

4. 对心理委员的评价

(1)心理委员开展的班级心理健康活动是否面向班级全部同学，活动是否涉及每一位同学。

(2)心理委员扮演的角色是否到位。完整的班级心理健康活动要求心理委员更多地扮演好朋友、小组成员、班级团体领导者的角色，而不仅是单一的班里同学的角色。

(3)心理委员是否成功地创设一种安全、温暖的班级环境,鼓励班里同学相互分享,引导同学积极探索。

(4)心理委员是否有效地引导整个活动过程,密切关注同学的反馈信息,及时调控活动节奏。

三、针对不同主题所选取的一些活动实例

1. 大一新生适应的班级心理健康活动:学会适应的方案

目的:促进同学们相互认识,更好地适应大学生活。

(1)热身活动:"小鸡变大鸡"游戏。活动开始时,所有成员自由寻找同伴,两两一对,采用石头剪刀布的形式进行竞争。每个成员把手放在身后,蹲下扮作鸡蛋,鸡蛋和鸡蛋竞争,赢者变成半蹲扮作小鸡,输者不变,小鸡和小鸡竞争,赢者变成大鸡,大鸡和大鸡竞争,赢者胜利可以坐在椅子上休息,输者退为小鸡。活动通常进行到还剩四五位没有成功坐到椅子上时停止。热身活动结束后,心理委员让大家分享自己的感受。

(2)工作阶段。第一步,心理委员从"小鸡变大鸡"引出适应问题,强调不适应的普遍性和必然性。接下来,心理委员把全班同学按6~10人一组分成若干组,每组选出一名小组长。大家依次介绍进入大学后不适应的表现。这种诉说有利于大家发现不适应行为的普遍性,减轻心理压力。然后,每组派一名代表,把本组认为适应不良的表现向全班同学做一个说明。最后,心理委员根据每个小组的发言,对适应不良的表现的普遍性、暂时性等做一个总结。第二步,小组内部讨论,每位同学依次发言,讨论学会适应的方法。然后每组派一位代表分享本组的发言,最后由心理委员进行评述和总结。这种集思广益的分享与讨论有利于同学们学习别人好的做法,增进自己的适应行为,寻求更多的社会支持,更好适应大学生活。

(3)结束。可以选择以歌曲合唱的方式结尾,如《朋友》《相亲相爱

一家人》《我要飞得更高》等,在充满温情和力量的气氛中结束。

2. 大二关于时间管理的班级心理健康活动

(1)认识网络,依赖团体活动方案。

①热身活动:心有千千结。心理委员将全班同学分成若干小组,每组10~12人,让每组成员手拉手围成一个圆圈,并记住自己左右手相握的人。在背景音乐伴奏声中,大家放开手,随意走动,音乐一停,脚步即停,找到原来左、右手相握的人分别握住。然后,小组中所有参与者的手都彼此相握,要求大家在手不松开的情况下,无论用什么方法,把交错的结解开,恢复到最初的圆圈。在此基础上,还可以提高难度,把两组合并为一组,再做一次。解开结后,小组交流并分享感受。

②七嘴八舌。用辩论的方式,把全班同学分成两组,一方只准说网络的好处,另一方只准说网络的坏处,唇枪舌剑,引发大家思考。心理委员在辩论基础上,进行总结,引导大家客观全面地认识网络。

③《网络依赖的生活》心理剧表演。让几位同学事先排练好,通过心理情景剧表演的方式,在全班同学面前,表演一位网络依赖者的校园生活,加深大家对网络依赖后果的认识。

④分小组讨论网络依赖的原因及危害。

⑤画出未来。每位同学在一张白纸上画出自己理想的大学生活,以小组为单位分享讨论。每组指定一位同学发言,总结本组同学关于如何健康并更有意义地度过大学生活的意见。最后,全班同学把自己的图画挂在墙上,进行展览。

(2)时间管理训练方案。目的:懂得珍惜时间,明了自己在时间管理中存在的问题,学习管理时间的技巧,提高管理时间的能力。

①热身活动:全体成员围成一圈,边走边拍前一个成员的背,帮其放松。两分钟后,向后转180度,即倒过来再次进行。活动共耗时5分钟。

②工作阶段:开始本次活动的内容,即时间管理。指出为了让大家了解什么是时间管理,不妨先做个"时间馅饼"的活动。

心理委员在黑板上画一个大圆圈,请每人准备一张白纸和笔。黑板上的大圆圈代表生活中的一天,24 小时,请大家估计一下,在下列各项中自己在每一项上占用的时间是多少,然后按各项的比例对自己的"馅饼"进行分割:睡眠、上课、写作业、上自习、吃饭等。

提问:你对自己现在的时间使用情况满意吗?在你的理想中,你应该怎样使用时间?可以画一个理想的"时间馅饼"。是否需要对当前的"时间馅饼"进行修改?还是将理想的"时间馅饼"进行修正?

③分享讨论。

④总结。

3. 大三学生面临新的选择,如是保研、考研还是就业、出国等相关的心理健康活动

(1)邀请相关专家或者相关单位工作人员开展讲座。

(2)组织"大学生毕业应先考研还是大学生毕业应先就业"的辩论赛。

辩论准备:同学自愿报名,或者随机分配两组,将同学分成 2 组,组成正反双方。每组选择 4 名队员为主辩论者,其他人为参与辩论者。抽签决定本方辩题,如正方为大学生毕业应先考研,反方为大学生毕业应先就业。

辩论:详细辩论流程可以参照国际大专辩论赛。

主持人发言:由心理委员发言,总结相关论点以及带给自己和同学的启示。

4. 大四学生的相关班级心理健康活动。

(1)就业体验——大学生团体辅导方案。目的:①认识就业意义;②了解一般的就业流程。③在活动中进入就业角色,并有相关的情感体验;④在活动中习得相关的就业技巧,摆正自己的就业理念。

表 2　就业体验计划表

团辅流程	活动名称	活动时间	活动目标
热身/导入	"谁被落下"	10分钟	为本次活动起到暖场的作用;测查应变能力,消除成员间的陌生感
主题活动	问卷调查 招聘模拟	40分钟	使同学参与模拟游戏,认识就业环节
分享	竞聘成员的感受 面试成员的感受 评审员的感受	15分钟	促进成员认识到怎样能给面试人员留下好印象
结束	一句话感受	5分钟	不仅要有工作所需的实力,我们的就业观念也是很重要的
结束活动	大家合唱《我相信》	2~3分钟	放松;激励

(2)临别赠言活动方案。目的:临近毕业,抒发对彼此的感受,珍惜大学四年共度的美好时光。

①热身活动:攒钱,感受团体的力量,增强团体的凝聚力。

操作:代表金额按人数分配,若男生多,1个男生为5角钱,1个女生为1元,当领导者说"3块钱!"成员按照要求快速组成3块钱并蹲在地上表示完成。

询问攒成功的感受,没攒成功的感受。

②播放制作大学四年同学的照片,观看同学的变化以及收集的同学的言语、相关成果。分享感受。

③临别赠言。邀请每一位同学书写对自己的赠言以及自己大学四

年变化,以鼓励赞美为主,不能重复。邀请每位同学分享感受。

④结束。播放歌曲或者音乐,如《好久不见》《再见》等歌曲。心理委员总结发言。

第八章 心理评估与个别心理辅导

随着社会的进步和改革的深入,人们的竞争意识不断增强,青年学子们在传统与现代、理想与现实的夹缝中艰难地生存着,在人际交往和就业求职等领域中不断加大的冲突和压力使他们处于自强与自卑、创新与守旧的矛盾状态,表现为主观我与客观我共生,独立意识与依附心理相伴,交往需要与自我封闭同行。这种双重性的自我可能导致大学生理想与现实的错位,自我与社会的背离,出现了不同程度的心理问题。由于每个大学生的成长环境、社会关系等各不相同,在进行朋辈辅导的时候就需要具体情况具体分析,对每一位当事人都要进行心理评估和个别化的辅导。

第一节 心理评估概述

为了能够更好地服务于当事人,在进行真正的咨询工作之前,对当事人有一个客观、全面的判断是十分必要的。只有真正了解当事人各方面的情况,掌握尽可能多的信息,才能对当事人的问题制订更系统、更有针对性的解决方案。

一、心理评估概述

1. 心理评估的概念

心理评估有广义和狭义之分。广义的心理评估是指对各种心理和行为问题的评估,可以在医学、心理学和社会学等领域运用,主要用来评估行为、认知能力、人格特质及个体和团体的特性,帮助做出对人的判断、预测和决策。

狭义的心理评估也叫临床评估,是指在心理临床与咨询领域,运用专业的心理学方法和技术对被评估者的心理状况、人格特征和心理健康做出相应判断,在此基础上进行全面的分析和鉴定,为心理咨询与治疗提供必要的前提和保证。

2. 心理评估的作用

心理评估在心理学、医学、教育、人力资源、军事、司法等部门皆有所用,其中当为临床所用时,主要为了达到以下几个目的:①辅助做出心理诊断;②指导制订心理干预措施,并常作为效果的指标;③作为一种科学研究的方法。

3. 心理评估的方法

心理评估是运用系统的方法对收集到的信息进行相关分析,方法主要有两类:一类是标准化测验,另一类是非标准化评估包括评定量表、行为观察、临床访谈等。

(1)标准化测验。标准化测验是一个系统化、科学化、规范化的施测和评定过程。主要的心理测验有智力测验和人格测验。

智力测验:如吴天敏修订完成的中国比内测验,张厚粲修订的瑞文标准推理测验,林传鼎、张厚粲修订的韦氏儿童智力测验。

人格测验:①客观测验,有艾森克人格问卷、明尼苏达多项人格调查表、16种人格因素问卷等。②投射测验,有罗夏墨迹测验、主体统觉测验、房树人测验、句子完成法测验等。

(2)评定量表。通过观察对某个人的某种行为或特质确定一个分数的方法,用来表达评定结果的标准化程序叫作评定量表。主要的评定量表有美国精神病学会出版的《精神障碍诊断和统计手册》、国际健康组织出版的《国际疾病分类诊断指导手册》以及我国发布的《中国精神疾病诊断标准》《心理卫生评定量表手册》。

(3)行为观察。行为观察是心理咨询中获得信息的常用手段,行为观察有两种:一种是按观察的目的、观察者的经验来组织观察内容和程序;另一种是按照目的采用一套定型的程序进行观察。行为观察既可以在自然情况下进行,也可以在有控制环境下进行。

(4)临床访谈。临床访谈是通过评估者与被评估者之间面对面的双向互动来评估心理功能的方法。在心理评估中,临床访谈一直有重要地位,对于获取信息,了解并分析被评估者的故事,建立咨询关系非常重要。

二、心理评估的一般过程

心理评估是一个复杂的过程,它没有固定的程序或统一的模式,主要包括下列几个步骤:

1. 确定评估目标

确定评估目标是心理评估过程的开端,它决定着评估的行为导向和效果,如果评估目标不明确,就难以把握必要的信息,难以做到有意识、有系统地搜集资料并把握问题的实质,收不到好的评估效果。

2. 搜集资料

其主要任务是了解被评估者的基本情况,了解其身心发展状况、特点及有关家庭与社会背景,主要目的在于全面、系统地掌握学生的有关情况,为判断学生的心理问题提供素材。

3. 实施测量

在搜集资料的基础上,获得了大量的感性材料,并对评估对象存在的问题有了初步的认识,但此时得到的资料往往还比较零散、直观、不深入,缺乏客观的评价标准。因而,在实际评估过程中,常常需要对搜集来的资料进行检验和分析,得出较明确的结论。心理测量是这一阶段运用比较多的一种方法,它可以进一步分析和明确学生的心理问题。

4. 综合评定

综合评定是在上述过程获得的评估信息基础上,对获得的感性资料和测量结果进行综合分析、加工,并根据一定的判定标准或理论模式得出评估结果的过程,这个过程是在量化描述基础上的分析与综合,是对量化结果进行理论阐述和逻辑推理的过程,具有统摄全局、概括总结、预测指导的作用。

上述四个阶段构成了心理评估的基本环节和完整过程,有时能够一次完成,但大多数情况下不能一次完成,为了使评估结果更加可靠,有时还需反复评估。

第二节 日常观察

日常观察作为心理评估的一项重要手段,能够通过对当事人的非语言信息进行收集、分析来帮助心理委员进行证实或证伪当事人的语言表达,还能够为心理委员解决当事人的心理困扰提供新的信息或者新的思路。因此,熟练运用日常观察是成功的心理委员必备的技能之一。

一、观察法

观察法是指在自然条件下,对表现心理现象的外部活动进行有系统、有计划的观察,从中发现心理现象产生和发展的规律性的方法。一般可分为自然观察和实验观察:在自然条件下对对象的行为进行观察、记录,不做任何控制、干预即为自然观察;在有意控制和干预的情境下对对象的表现进行观察即为实验观察。在心理评估过程中,常常通过观察被评估者的日常行为表现,来了解其注意的稳定性、情绪状态和人格的某些特征。对心理观察最重要的要求是有明确的目的和计划以及用专门的形式记录所获得的事实和结果。

观察法比较容易操作,能收集到第一手资料,但观察结果有时难以精确分析,容易受到观察者的主观影响。因此,应用观察法时,观察者需要熟悉基本的心理现象并且经过一定的训练,能够在繁杂的现象中抓住所需要观察的事实和材料并发现各种现象间的联系。

二、非语言行为的观察

1. 非语言行为的重要性

人类的非语言行为非常丰富,即使当人们沉默地坐在一起,那里的气氛中也充满着各种信息。梅尔贝因报道过他及同事对于非语言行为和不协调的信息的有关研究。其实验结果表明,当人们收集到的各种信息不一致时,其总体效果等于7%的言语联系加38%的声音联系加上55%的面部表情联系,即言语及身体语汇所表达的信息不一致时,其中影响力最大的是面部表情,其次是声音音调,最后才是语言本身。应该说,在他的这项研究中,各种语言、表情、动作成分所传递信息的百分比不是最重要的,而明确非语言行为在整个信息交流过程中所起到的作用这一点才是最重要的。

2. 三种非语言行为的观察

伊根认为,一个好的治疗师应当学会"倾听"和理解以下非语言行为:①面部表情;②躯体行为;③声音特征;④自发的生理反应;⑤个人的生理特征;⑥个人的总体印象。因为心理委员的专业能力有限,在此只论述前三种最主要的非语言行为。

(1)面部表情。由于每日每时面部表情都与人的情绪相关联,面部因此被认为是可确认情绪反映自然特性的最重要的部位。在心理评估过程中,被评估者的面部表情会有多次变换,观察者必须能够体察这种表情的变换以引导会谈的进行或变换会谈的内容。但如果观察者仅仅把注意力放在言语的信息交流上,那么就有可能犯类似盲人摸象的错误。

当谈到面部表情时,不可避免地要涉及人们视线的接触以及人们从目光中所传递出来的信息。芬兰的心理学家做过一个实验,把由演员表演各种情绪的照片横裁成细条,只挑出双眼部位让人们辨认,结果回答出眼睛所表现的情绪的正确率很高。还有研究者让被试凝视一张人头像照片,用追视仪记录其目光,结果发现被试的视线集中于人像的眼睛和嘴上。在心理咨询过程中,咨询师与来访者位置的安排之所以要呈直角,其原因就是避免被评估者与观察者直接对视,以免使之感到心理负担过重。

视线的转移或目光的间断也有着重要意义。比如在咨询时,你若对一个来访者说:"当一个人谈到自己时,总是感到很困难的,是吗?"对方回答说:"我可不这样。"但在说话过程中带着苦相,眼睛看着别处,此时面部表情及目光所反映的信息比言语的信息更为重要和真实。

嘴部是整个面部又一表情丰富之处,许多表情与面部整体的肌肉活动有关,但有时嘴角肌肉的微小活动可以反映出一个人的心理活动的内容,如微笑、轻视、思索、下定决心等。

(2)躯体行为。虽然面部表情是确认被评估者情绪特性时首先要注意的部位,身体和四肢的运动在信息交流过程中,也起着重要的作用。因此手势和身体的姿势运动被称为身体语言。

借助手势与身体姿势,人们可以表达惊奇、苦恼、愤怒、焦虑、快乐等各种情绪。有关研究提出,手势具有说明、强调、解释或指出某一问题、插入谈话等作用,很难与口头的言语表达分开。在会谈过程中,当来访者谈到某些涉及可能为社会上一般人不易接受的内容时,常常会更多地运用手势等身体语汇。同时手势的运用是与身体姿势相关联的。

具有不同问题的人,其躯体表现可能是不同的。一个情绪抑郁的人除了目光暗淡、双眉紧皱之外,他可能双肩微驼,双手持续地做着某个单调的动作,身体移动的速度相对缓慢,似乎要经过很大的努力才行。人处于紧张或烦躁不安的状态时,往往出现这样一些身体动作:身体坐不稳,仿佛座椅使之感到不适;膝盖或脚尖有节奏地抖动;手指不停地转动手里的东西、相互摩擦、摆弄衣服、乱摸头发等。这些动作往往是情绪的自然流露,比语言更能真实地反映一个人的内心感受。

(3)声音特征。史密斯(Smith)对伴随着语言一起出现的声音现象进行了分析和描述,认为从人们的语言中,可以分出6种成分的声音现象,即声音的强度(声音的大小)、音调的分布(提高/降低音调)、扩大或压缩音域、摩擦音或开朗的声音、慢速或快速的表达方式、节奏的加速或减慢。

在史密斯所提的这几种声音成分中,人的声音大小的变化所反映的情绪特征往往可借鉴日常生活经验来确认,说话节奏的快慢可能反映了每个人的个性特征。而语调和语速的变化,包含更多的情绪变化,音调的提高表明了人们对所谈事物的看法(如强调、重视)和情绪(如激动、兴奋等),音调的降低可能表明对方主观上意识到所谈内容与人们一般看法不一致,或谈到了使之感到痛苦和抑郁的部分。说话的节奏变快可能表明情绪的激昂与兴奋,而节奏变慢可能说明对方正在进行某种思考或说出某事心理上尚有阻力。对于这些声音成分的具体分析,既要结合当时谈话内容,又要联系整个会谈中的前因后果。

声音的停顿也值得注意。喉部肌肉僵硬紧张及放松的变化使声音和音调出现短暂的停顿,可能表明了讲话人带有很强的情绪色彩。如果是对方在谈话当中有意识的停顿,则可能表明对方希望刚刚所谈的内容能引起观察者的注意;还有一些这种停顿是希望看到观察者对自己前面所谈内容的反应,以决定下面继续谈什么内容为好。

第三节 常用心理评估量表

了解大学生常用心理量表的具体内容、计分规则及其所代表的意义,并科学、理性地分析评估结果,是心理委员了解帮助对象的基本要求,是准确科学判断帮助对象状态的重要依据。

一、90项症状自评量表(SCL-90)

90项症状自评量表(The Self-Report Symptom Inventory,Symptom Checklist,90,SCL-90)有90个评定项目,每个项目分五级评分,包含了比较广泛的精神病症状学内容,从感觉、情感、思维、意识、行为直至生活习惯、人际关系、饮食等均有涉及,能准确刻画被试的自觉症状,能较好地反映被试的问题及其严重程度和变化,是当前研究神经症及综合性医院住院病人或心理咨询门诊中应用最多的一种自评量表。施测时间建议在15~30分钟。

1. 分析指标及计分

SCL-90主要提供以下分析指标:

(1)总分和总均分。总分是90个项目各单项得分相加,最低分为90分,最高分为450分。总均分=总分÷90,表示总的来看,被试的自我感觉介于1~5的哪一个分值程度。

(2)阴性项目数:表示被试"无症状"的项目有多少。

(3)阳性项目数:表示被试在多少项目中呈现"有症状"。

(4)阳性项目均:分表示"有症状"项目的平均得分,可以看出被试自我感觉不佳的程度在哪个分值程度。

(5)因子分:SCL-90有10个因子,每个因子反映被试某方面的情况,可通过因子分了解被试的症状分布特点以及问题的具体演变过程。

下面是10个因子的定义:

躯体化因子:包括1、4、12、27、40、42、48、49、52、53、56、58共12

项。该因子主要反映主观的身体不适感,包括心血管、肠胃道、呼吸道系统主诉不适和头痛、脊痛、肌肉酸痛以及焦虑的其他躯体表现。

强迫症状:包括 3、9、10、28、38、45、46、51、55、65 共 10 项。该因子主要指那种明知没有必要,但又无法摆脱的无意义的思想、冲动、行为等表现,还有一些比较一般的感知障碍(如脑子空了,记忆力不行等)也在这一因子中反映。

人际关系敏感:包括 6、21、34、36、37、41、61、69、73 共 9 项。该因子主要反映某些个人不自在感与自卑感,尤其是在与其他人相比较时更为突出。有自卑感、懊丧以及在人事关系明显相处不好的人,往往这一因子得分高。

忧郁因子:包括 5、14、15、20、22、26、29、30、31、32、54、71、79 共 13 项。该因子反映的是临床上忧郁症状群相联系的广泛的概念。忧郁、苦闷的情绪和心境是忧郁症的代表性症状,它还以对生活的兴趣减退、缺乏活动的愿望、丧失活动力等为特征并包括失望、悲叹、与忧郁相联系的其他感知及躯体方面的问题。

焦虑因子:包括 2、17、23、33、39、57、72、78、80、86 共 10 项。它包括一些通常临床上明显与焦虑症状相联系的症状与体验。一般指那些无法安静、神经过敏、紧张以及由此产生躯体征象(如震颤)。那种游离不定的焦虑及惊恐发作是本因子的主要内容,它还包括有一个反映"解体"的项目。

敌对因子:包括 11、24、63、67、74、81 共 6 项。它主要从三方面来反映病人的敌对表现:思想、感情及行为。包括从厌烦、争论、摔物直至争斗和不可抑制的冲动暴发等各个方面。

恐怖因子:包括 13、25、47、50、70、75、82 共 7 项。它与传统的恐怖状态所反映的内容基本一致,恐惧的对象包括出门旅行、空旷场地、人群,或公共场合及交通工具。此外还有反映社交恐怖的项目。

偏执因子:包括 8、18、43、68、76、83 共 6 项。偏执是一个十分复杂的概念,本因子只包括了它的一些基本内容,主要是指思维方面,如投射性思维、敌对、猜疑、关系妄想、妄想被动体验和夸大等。

精神病性因子:包括 7、16、35、62、77、84、85、87、88、90 共 10 项。其中有幻听、思维播散、被控制感、思维被插入等反映精神分裂症状项目。

其他因子:包括 19、44、59、60、64、66、89 共 7 个项目。该因子是反映睡眠及饮食情况的。

2. SCL-90 测验量表

症状自评量表的题目及选项如下。

症状自评量表

指导语:以下列出了有些人可能会有的问题,请仔细地阅读每一条,然后根据最近一星期以内下述情况影响您的实际感觉,在每个问题后标明该题的程度得分。其中,"没有"选 1,"很轻"选 2,"中等"选 3,"偏重"选 4,"严重"选 5。

表 3　症状自评量表

题目	没有	很轻	中等	偏重	严重
1.头痛	1	2	3	4	5
2.神经过敏,心中不踏实	1	2	3	4	5
3.头脑中有不必要的想法或字句盘旋	1	2	3	4	5
4.头昏或昏倒	1	2	3	4	5
5.对异性的兴趣减退	1	2	3	4	5
6.对旁人责备求全	1	2	3	4	5
7.感到别人能控制您的思想	1	2	3	4	5
8.责怪别人制造麻烦	1	2	3	4	5
9.忘性大	1	2	3	4	5

续表3

题目	没有	很轻	中等	偏重	严重
10.担心自己衣饰的整齐及仪态的端正	1	2	3	4	5
11.容易烦恼和激动	1	2	3	4	5
12.胸痛	1	2	3	4	5
13.害怕空旷的场所或街道	1	2	3	4	5
14.感到自己的精力下降,活动减慢	1	2	3	4	5
15.想结束自己的生命	1	2	3	4	5
16.听到旁人听不到的声音	1	2	3	4	5
17.发抖	1	2	3	4	5
18.感到大多数人都不可信任	1	2	3	4	5
19.胃口不好	1	2	3	4	5
20.容易哭泣	1	2	3	4	5
21.同异性相处时感到害羞不自在	1	2	3	4	5
22.感到受骗,中了圈套或有人想抓住您	1	2	3	4	5
23.无缘无故地突然感到害怕	1	2	3	4	5
24.自己不能控制地大发脾气	1	2	3	4	5
25.怕单独出门	1	2	3	4	5
26.经常责怪自己	1	2	3	4	5
27.腰痛	1	2	3	4	5
28.感到难以完成任务	1	2	3	4	5
29.感到孤独	1	2	3	4	5
30.感到苦闷	1	2	3	4	5
31.过分担忧	1	2	3	4	5
32.对事物不感兴趣	1	2	3	4	5
33.感到害怕	1	2	3	4	5
34.您的感情容易受到伤害	1	2	3	4	5
35.旁人能知道您的私下想法	1	2	3	4	5

续表3

题目	没有	很轻	中等	偏重	严重
36.感到别人不理解您、不同情您	1	2	3	4	5
37.感到人们对您不友好,不喜欢您	1	2	3	4	5
38.做事必须做得很慢以保证做得正确	1	2	3	4	5
39.心跳得很厉害	1	2	3	4	5
40.恶心或胃部不舒服	1	2	3	4	5
41.感到比不上他人	1	2	3	4	5
42.肌肉酸痛	1	2	3	4	5
43.感到有人在监视您、谈论您	1	2	3	4	5
44.难以入睡	1	2	3	4	5
45.做事必须反复检查	1	2	3	4	5
46.难以做出决定	1	2	3	4	5
47.怕乘电车、公共汽车、地铁或火车	1	2	3	4	5
48.呼吸有困难	1	2	3	4	5
49.一阵阵发冷或发热	1	2	3	4	5
50.因为感到害怕而避开某些东西、场合或活动	1	2	3	4	5
51.脑子变空了	1	2	3	4	5
52.身体发麻或刺痛	1	2	3	4	5
53.喉咙有梗塞感	1	2	3	4	5
54.感到前途没有希望	1	2	3	4	5
55.不能集中注意	1	2	3	4	5
56.感到身体的某一部分软弱无力	1	2	3	4	5
57.感到紧张或容易紧张	1	2	3	4	5
58.感到手或脚发重	1	2	3	4	5
59.想到死亡的事	1	2	3	4	5
60.吃得太多	1	2	3	4	5
61.当别人看着您或谈论您时感到不自在	1	2	3	4	5

续表3

题目	没有	很轻	中等	偏重	严重
62.有一些不属于您自己的想法	1	2	3	4	5
63.有想打人或伤害他人的冲动	1	2	3	4	5
64.醒得太早	1	2	3	4	5
65.必须反复洗手、点数目或触摸某些东西	1	2	3	4	5
66.睡得不稳不深	1	2	3	4	5
67.有想摔坏或破坏东西的冲动	1	2	3	4	5
68.有一些别人没有的想法或念头	1	2	3	4	5
69.感到对别人神经过敏	1	2	3	4	5
70.在商店或电影院等人多的地方感到不自在	1	2	3	4	5
71.感到任何事情都很困难	1	2	3	4	5
72.一阵阵恐惧或惊恐	1	2	3	4	5
73.感到在公共场合吃东西很不舒服	1	2	3	4	5
74.经常与人争论	1	2	3	4	5
75.单独一个人时神经很紧张	1	2	3	4	5
76.别人对您的成绩没有做出恰当的评价	1	2	3	4	5
77.即使和别人在一起也感到孤单	1	2	3	4	5
78.感到坐立不安、心神不定	1	2	3	4	5
79.感到自己没有什么价值	1	2	3	4	5
80.感到熟悉的东西变成陌生或不像是真的	1	2	3	4	5
81.大叫或摔东西	1	2	3	4	5
82.害怕会在公共场合昏倒	1	2	3	4	5
83.感到别人想占您的便宜	1	2	3	4	5
84.为一些有关"性"的想法而很苦恼	1	2	3	4	5
85.您认为应该因为自己的过错而受到惩罚	1	2	3	4	5
86.感到要很快把事情做完	1	2	3	4	5
87.感到自己的身体有严重问题	1	2	3	4	5
88.从未感到和其他人很亲近	1	2	3	4	5
89.感到自己有罪	1	2	3	4	5
90.感到自己的脑子有毛病	1	2	3	4	5

二、抑郁自评量表(SDS)

抑郁自评量表(Self-Rating Depression Scale,SDS)编制于1965年,是美国教育卫生福利部推荐的用于精神药理学研究的量表之一,因使用简便,应用颇广。

SDS按症状出现频度评定,分4个等级:很少或有时、经常、持续四个不同时间。若为正向评分题,依次评为1、2、3、4分。反向评分题,则评为4、3、2、1分。评定时间为过去一周内,把各题的得分相加为总粗分,总粗分乘以1.25,四舍五入取整数,即得到标准分。抑郁评定的临界值为T=53,分值越高,抑郁倾向越明显。

中国常模:SDS标准分的分界值为53分,53~62分为轻度抑郁,63~72分为中度抑郁,72分以上为重度抑郁。不过量表的总分值仅可作为参考而非绝对标准,应根据临床(要害)症状来划分;对严重阻滞症状的抑郁病人,量表评定有困难。

具体量表如下。

抑郁自评量表(SDS)

指导语:请仔细阅读每一题,把题目的意思看明白,然后按照自己最近一周以来的实际情况,对下面的20道题目按1~4级评分:①很少;②有时;③经常;④持续。

表4 抑郁自评量表

题目	很少	有时	经常	持续
1.我感到情绪沮丧,郁闷	1	2	3	4
2.我感到早晨心情最好	4	3	2	1
3.我要哭或想哭	1	2	3	4
4.我夜间睡眠不好	1	2	3	4
5.我吃饭像平时一样多	4	3	2	1

续表4

题目	很少	有时	经常	持续
6.我的性功能正常	4	3	2	1
7.我感到体重减轻	1	2	3	4
8.我为便秘烦恼	1	2	3	4
9.我的心跳比平时快	1	2	3	4
10.我无故感到疲劳	1	2	3	4
11.我的头脑像往常一样清楚	4	3	2	1
12.我做事情像平时一样不感到困难	4	3	2	1
13.我坐卧不安,难以保持平静	1	2	3	4
14.我对未来感到有希望	4	3	2	1
15.我比平时更容易激怒	1	2	3	4
16.我觉得决定什么事很容易	4	3	2	1
17.我感到自己是有用的和不可缺少的人	4	3	2	1
18.我的生活很有意义	4	3	2	1
19.假若我死了别人会过得更好	1	2	3	4
20.我仍旧喜爱自己平时喜爱的东西	4	3	2	1

计分方式:

(1)第1、3、4、7、8、9、10、13、15、19题正向计分,即①、②、③、④依次计1、2、3、4分;

(2)第2、5、6、11、12、14、16、17、18、20题反向计分,即①、②、③、④依次计4、3、2、1分。

统计结果:

(1)总分(20个项目所得分之和):_____。

(2)标准T分(标准分=原始总分×1.25并四舍五入取整数):_____。

三、焦虑自评量表(SAS)

焦虑自评量表(Self-Rating Anxiety Scale,SAS)编制于1971年。它从量表构造的形式到具体评定的方法,都与抑郁自评量表(SDS)十分相似,是一种分析病人主观症状的相当简便的临床工具。

SAS采用4级评分,主要评定症状出现的频度,其标准为:①没有或很少时间有;②有时有;③大部分时间有;④绝大部分或全部时间都有。20个条目中有15项是用负性词陈述的,按上述1、2、3、4顺序评分。其余5项(5、9、13、17、19)注*号者,是用正性词陈述的,按4、3、2、1顺序反向计分。

SAS的主要统计指标为总分。将20个项目的各个得分相加,即得粗分;用粗分乘以1.25以后取整数部分,就得到标准分。根据美国受试者测评结果,规定SAS的标准分50分作为焦虑症状分界值。

全国协作组吴文源等人对1158例正常人(常模)测评结果分析,正评题15项平均值1.29 ± 0.98;反向5项均分2.08 ± 1.71;20项总分均值29.78 ± 0.46,可作为代表常模总分均值之上限。

具体量表如下。

焦虑自评量表(SAS)

指导语:下面有20条文字,请仔细阅读每一条,把意思弄明白,然后根据您最近一星期的实际感觉,在右侧适当的数字上划一个"√"。

表5　焦虑自评量表

题目	很少	有时	经常	持续
1.我觉得比平常容易紧张或着急	1	2	3	4
2.我无缘无故地感到害怕	1	2	3	4
3.我容易心里烦乱或觉得惊恐	1	2	3	4
4.我觉得我可能将要发疯	1	2	3	4

续表5

题目	很少	有时	经常	持续
*5.我觉得一切都很好,也不会发生什么不幸	4	3	2	1
6.我手脚发抖打战	1	2	3	4
7.我因为头痛、颈痛和背痛而苦恼	1	2	3	4
8.我感觉容易衰弱和疲乏	1	2	3	4
*9.我得心平气和并且容易安静坐着	4	3	2	1
10.我觉得心跳得很快	1	2	3	4
11.我因为一阵阵头晕而苦恼	1	2	3	4
12.我有晕倒发作,或觉得要晕倒似的	1	2	3	4
*13.我吸气呼气都感到很容易	4	3	2	1
14.我的手脚麻木和刺痛	1	2	3	4
15.我因为胃痛和消化不良而苦恼	1	2	3	4
16.我常常要小便	1	2	3	4
*17.我的手脚常常是干燥温暖的	4	3	2	1
18.我脸红发热	1	2	3	4
*19.我容易入睡并且一夜睡得很好	4	3	2	1
20.我做噩梦	1	2	3	4

第四节 个别心理辅导

在进行心理评估之后,心理委员应该在一定程度上掌握了当事人的心理困扰或问题,接下来就需要根据当事人的个人情况来制订个体化的心理辅导方案。由于每个当事人的综合情况各不相同,同一问题出现在不同当事人身上,也需要具体问题具体分析,切记不可一概而论。

一、个别心理辅导的一般程序

1. 发现问题

高校心理委员的工作职能之一是为同学排忧解难。在提倡生活和学习过程中,在与同学进行人机互动的过程中,心理委员应当注意观察周围的同学,体察和了解他们的需要,尤其是那些学习成绩较差、家庭经济困难和心理健康水平较低的同学。心理委员应当主动关心,尽量通过他们身边的同学和朋友了解事情的原委以及当事人的情况,为相互沟通打下良好的基础。可以说,发现问题也是信息收集的过程。

对于心理委员来说,顺利开展工作的前提是要熟悉周围同学的性格特点、爱好特长、家庭状况等,包括其父母、兄弟姐妹及其社会生活背景、自身的成长经历、兴趣爱好、学习生活的近况以及心理健康状况等。了解和掌握这些基本情况有助于心理委员及时发现问题并采取适当的措施帮助同学。

2. 建立关系

当发现周围同学出现异常行为需要介入和干预的时候,与其建立良好的关系是整个辅导过程中最重要的一步,只有以建立稳固的关系为基础,才能开展之后的辅导工作。这一阶段的主要目标在于,一是与对方建立信任关系;二是了解对方的需要与困难;三是对对方做出初步的判断。

一般情况下,心理委员可以采用"试探式"介入的策略。当在适宜的时间和场合与对方交谈时,心理委员可以根据前面掌握的情况试探地询问对方,如"你这几天上课时候好像有点心不在焉,是不是有什么心事啊?"如果当事人对你的主动询问感兴趣的话,那么他就极有可能接着你的话题向你倾诉他的困扰,否则就要适可而止,要尊重他人的意愿和隐私,不能刨根问底。

3. 澄清问题

在初步了解情况和营造良好氛围的同时,心理委员要根据当事人的陈述,弄清楚其存在的心理问题。心理委员要从当事人的表面心理问题着手,慢慢引导当事人挖掘深层次心理问题。与同学心理沟通速度的快慢必须根据当事人的实际情况而定,绝不能单方面深入。

(1)弄清事实。讨论问题实质这一环节中首先要弄清楚事件的真实情况。只有弄清事实,才能了解事情的来龙去脉,将辅导进行下去。心理委员要注意观察引导,帮助同学讲清楚事实的真相。

(2)界定问题。在搞清事实真相后,心理委员需要与当事人一起详细讨论,确定心理问题的类型和性质。若有些问题超出了心理辅导的范围,则应及时将同学介绍到专业心理咨询老师那里,由老师进行评估,然后再决定如何解决这个问题。

与当事人探讨问题的时候,心理委员要逐步引导当事人进入自己所处的情境,对问题进行陈述和自我剖析。当事人对待事物的想法和处理意见不当时,心理委员不是简单地告诉他做错了什么,而是要让他了解影响自己的问题是什么。

(3)找到问题关键点。在确定问题后,心理委员必须全神贯注地聆听当事人对事情经过的描述,从他叙述的纷繁复杂的问题中,找到问题的关键点。

下面这则案例是心理委员与同学小王就"宿舍人际关系"问题的沟通过程,其中涵盖了初步了解情况和澄清问题的经过。

案例:

心理委员:这几天看你上课总是打瞌睡,怎么啦?

小王:最近没睡好。对了,我想换宿舍,你说老师会同意不?

心理委员:为什么啊?你们相处的不是挺好嘛!

小王:好什么呀,你们看到的都是表面现象,其实她们都是很难相处的。

心理委员:哦? 你们之间发生什么事情啦?

小王:从大一开始,她们就看不起我,说我不会打扮,不懂礼貌,甚至扫地都扫不干净……反正我做什么事情,她们都不满意。原来高中时候我也住校的,但是和同学相处得都挺好,没想到大学的舍友相处这么困难,唉!

心理委员:你刚才说的"不会打扮"和"不懂礼貌"是怎么回事啊?

小王:就是刚进学校时候,我买的衣服都是便宜的,她们就说我没品位,穿地摊货。有时候我在宿舍打电话,声音大一点,她们就说我不懂礼貌。很多事情都针对我一个人,时间长了,我就不愿理她们了,现在一回宿舍就会感到压抑,晚上有时候还失眠。

心理委员:哦,原来是这样,所以你才想到要换宿舍的。

小王:是啊,看不见她们我心情就好啦,就不会失眠啦。

心理委员:在我看来,这个办法解决不了根本问题,一是新舍友不了解实际情况,会怎么看你呢? 二是如果换到新宿舍还是出现这样的状况怎么办啊?

小王:嗯! 你说的也对,那你说我该怎么办?

心理委员:我想你可能要与你的舍友沟通一下,究竟是什么原因导致目前的状况,会不会这其中有什么误会呢? 你知道的,凡事都不是绝对的,有可能双方都有不对的地方。

小王:我知道我有不对的地方,但我可不想主动与她们讲和,太丢脸了。

心理委员:哈哈,看来你还是想解决的,那我来给你想想办法吧。

4. 探索解决方案

在这个阶段,心理委员要站在对方的角度考虑问题,真正地了解其目前的处境,尽量避免单凭主观臆想给当事人下结论,应分析当事人的问题,从而逐步找出产生问题的原因,并探索解决的方法。

(1)积极引导。心理委员要积极引导当事人理清问题的头绪,帮助当事人对自我进行探索。需要探讨与当事人问题根源有关的各个方面,包括不适应行为的经历、解决问题的方式、不良的习惯、周围环境的压力等。整个过程中要帮助当事人纠正其认知上的错误和不良的行为习惯,使当事人能更全面地看问题,掌握解决问题的正确方法。

案例:

男朋友提出分手,小齐非常痛苦,情绪低落。心理委员与小齐探讨问题的同时,要注意引导她对自己进行积极分析和探索。

心理委员:是因为前女友回来找他了,他才提出分手的吗?

小齐:他是这样说的,可是我不甘心,我对他那么好,他怎么能说分就分呢?因为家庭经济条件的问题,我父母一直不同意我们在一起,但是我都没有嫌弃他,平时吃饭、逛街购物的开销都是我出,他还有什么不满意的?

心理委员:那你为他花了这么多钱,他是怎么想的,你知道吗?

小齐:这个啊,他没有说过……

心理委员:你好好想想,平时你花钱他很乐意吗?……

(2)拟定目标与计划。心理委员帮助当事人了解问题根源后,必须拟定目标与计划,最终解决问题。心理委员应当和当事人一起讨论解决问题的方案,让当事人不受任何限制地思考解决问题的各种方案,再与当事人分析、讨论各种方案的优、缺点和可行性,让其自行选择适合的方案。

案例：

在过去的一年，小彭深陷网络游戏不能自拔，目前积欠20学分，还有一年就毕业了，他想通过重修完成，但又怕自控力和毅力不够。

心理委员：这5门课的重修你想在一年内完成，应该是可行的。

小彭：可有3门课都和高数相关，大一的时候高数才刚及格，基础不行啊！还有就是我怕又控制不了自己，又去玩网游了。

心理委员：你说的对，这个问题得好好考虑。要不找咱班成绩最好的同学给你补补课？

小彭：嗯，这样也行，可不知道人家愿不愿意浪费这时间。

心理委员：不试试怎么知道呢，像小李、小赵平时和你关系都不错，应该没问题。

小彭：对啊，我平时和他们一起上自习，有不懂的地方随时可以问他们。

心理委员：和他们在一起，没准你还能管住自己，慢慢就不想上网了。

小彭：好，我马上去找他们说说看。

(3) 鼓励实施。在实施方案的过程中，心理委员要多注意观察，及时督促、鼓励当事人去完成计划，还应根据当事人具体情况的变化对目标和措施做出相应的调整。与此同时，心理委员还要逐步培养当事人独立解决问题的能力，让他们学会自己解决所面临的各种问题，这样才能从根本上帮助当事人，使其在心理上逐步发展成熟。

之前的案例中，深受宿舍人际关系困扰的小王与心理委员沟通后，制订了实施方案，下面我们看看她进行得怎么样？

心理委员：小王，最近看你蛮开心的，有什么好事了？

小王：嘿嘿，多亏了你的帮忙，最近我们宿舍气氛挺好的。

心理委员：真的？太好了！我说了你肯定行的,你是怎么做的？

小王：就是我们商量的办法呗,主动交流、热情关心……其实,我觉得她们对我也挺好的。

心理委员：是啊,同学之间其实挺好相处的,有时候是一些不当的言行引起的误会,别想太多。看到你做得这么好,我也替你高兴,继续努力啊！

二、个别心理辅导的会谈技术

在会谈过程中,心理委员不仅要倾听对方的讲述,还要借助语言引导,对对方的故事、体验等要有适当的回应。在回应中适当使用以下技巧将有助于心理委员更准确地把握对方的问题。

1. 几种会谈技巧

(1)使用鼓励和重复语句。将对方所说的话进行简短重复或仅仅以某些词语(比如"嗯,后来呢")来鼓励对方讲下去或强调对方所讲的某部分内容,这是一种很有效力的反应方式。需要注意的是,重复的内容必须是关键性的、值得讨论的,重复的内容一般是上段对话最后出现的对方表达感受的词语,同时注意身体语言的使用,比如专注神情和倾听姿态。

(2)使用说明语句。为了帮助心理委员检查自己对同学问题的理解程度,心理委员可以将同学在谈话中所讲的主要内容及其思想进行实质性的复述,不过某些敏感性的词语还是以同学使用过的为好,这也是给同学重新解释和探索自己的问题的机会。

(3)使用总结性语句。即将同学所讲的事实、信息、情感、行为反应等经过心理委员的分析综合后,以概括的形式表达出来。这个技巧可以随时使用,但是要以理解为目的,不要急于矫正和批评同学或表达自己的观点。

2. 对沉默的处理

沉默现象在会谈中也不容忽视,沉默之中仍有信息的传递。卡瓦纳(Cavanagh)划分出 3 种形式的沉默:创造性的沉默、自发性的沉默和冲突性的沉默。

(1)创造性的沉默。创造性沉默是来访者在会谈过程中,对他自己刚才所说的话、所体验到的感觉的一种反应。"凝视着空间的某一点"也许可以看作是这种沉默的一种标志,这往往是人们集中注意力思考问题的特征。此时,如果用"你正在想什么"这类问题来打断这种沉默也许失之莽撞,可能会使对方难以追上原来思维行进的速度,把握思维的方向。面对这种情况时,心理委员可以等待对方,直至其言语的或非言语的行为表示可以继续了,再继续会谈;当觉察到对方不情愿讲出其当时的心理活动时,那么可以建议下次会谈再与他讨论此事。

(2)自发性的沉默。自发性的沉默往往来自不知下面该说什么好的情境。如果心理委员让这种沉默持续下去,那么这种沉默持续的时间越长,对方的内心就会感到越紧张。此时可以先略等片刻以确定这种沉默是否属于第一种创造性的沉默,如若不是,应立即有所反应。心理委员可以这样发问:"你可以告诉我你现在在想什么吗?"但若双方已经相互熟悉,心理委员采取等待对方的态度也许仍较为可取。

(3)冲突性的沉默。冲突性的沉默可能是由于害怕、愤怒或愧疚引起的。一般说来,当人们感到害怕时,其非言语行为可能表达出这样的内容:"我真的不想待在这儿";当他们对治疗者感到愤怒时,他们的行为也会表现出不服气、冒火的样子来;当他们感到愧疚时,他们会回避治疗者的目光,表现出踌躇不安的样子。

当搞清楚这种沉默不语是由于紧张害怕造成时,可以提一些一般性的不涉及某些事情要害的问题以及做些保证可以减少这种害怕的心理。

当沉默是由于愤怒造成时,这种情绪可能是针对心理委员的,如果看到对方明显是在生气,心理委员最好采取主动对峙的方式,如直接问对方:"你似乎想用沉默的方式告诉我什么事情,你能不能直接说说你现在的想法?"这可能会马上打破僵局,双方可以进行开诚布公的对话。即使对方不这样做,治疗者这种做法也是有用的,至少是在后面的会谈中双方进行充分的意见交流打下了基础。

第九章 心理危机的识别与处理

对于从青涩的青春期走向稳定成熟的成年期的青年大学生而言，他们会面临很多学习和生活上的压力与挑战，如专业学习、人际交往、婚姻恋爱、自我发展、就业创业、家庭冲突等，遭遇失败、丧失所爱、面临选择都可能出现。因此，如何帮助校园心理委员提升危机意识，科学识别危机状况，协助专业工作人员有效开展危机干预工作极其重要。

第一节 心理危机概述

心理危机是生命存在与发展中一种普遍而特殊的状态，它时常出现又各不相同。本节从心理危机的概念、特点、发展过程和大学生常见心理危机事件进行阐述。

一、心理危机的概念与特征

1. 心理危机的概念

目前被大多数学者所接受的关于危机的定义是由凯普兰（G. Caplan）提出来的：每一个人都在不断努力保持一种内心的稳定状态，保持自身与环境的平衡与协调。当发生重大问题或变化使个体感到难以解决、难以把握时，平衡就会被打破，内心的紧张不断蓄积，继而出现无所适从，甚至思维和行为的紊乱，进入一种失衡状态，即危机状态。简言之，危机就是稳态被打破。

由此可见，心理危机包含三个方面的要素：第一，存在具有重大心理影响的生活事件，如火灾、洪水、地震等严重自然灾害，突然罹患重大疾病、亲人亡故、朋友/恋爱关系破裂、留级退学、人际冲突等,或者不间断的日常琐碎事件。第二,引起认知、情绪、躯体和行为等方面的改变,如高度焦虑烦躁、失眠、抑郁、痛哭、缄默不语等,对正常的学习生活造成了显著影响。第三,个体使用以往解决问题的方法及其惯常的支持系统应对无效或失败,需要新资源的介入。

2.心理危机的特点

心理学家格里兰和詹姆士认为危机具有危险与机遇并存,复杂性、存在成长和变化的机缘、缺乏快速周全的解决办法,选择的迫切性、普遍性与特殊性并存六大特征。一般将心理危机概括分为以下三个特点。

(1)普遍性与特殊性并存:危机是普遍存在的,每一个人在一生的不同阶段都可能出现心理危机,特别是成年之前,都会因为个人能力无法应对不断变化的新环境需求而出现心理危机,但在面临同样的情景和生活事件时,每一个人心理反应的形式、强度和时间又具有较大的差异,带有鲜明的个性特征。

(2)危险性与机遇性并存:危机可以理解为危险与机遇。危机隐含着危险,如果个体不能够通过有效的调整与帮助,降低危机的影响,就可能使心理失衡持续存在,严重时心理崩溃或罹患精神疾病,甚至自我伤害和自杀。机遇性指在危机中孕育着成长转化的力量,假若个体能够成功地把握危机情景,将会因这种经验变得更为成熟,更为坚强,能够迎接更大的挑战。一个人很多观念和行为的根本性的改变往往来自这些危机事件。

(3)突发性与复杂性并存:危机总是不期而至,个体缺乏准备,会引起一系列的心理防御,过去经历的影响、当下的感受与对未来的期待交织在一起,复杂性增加,处理起来具有一定的挑战性。

二、心理危机的一般发展过程

从个体觉察到危机的存在,到产生各种身体、情绪、认知和行为等系列反应,再到最后度过危机,通常会经历一个发展变化的过程。凯普兰提出,个体遭遇危机后有四个阶段。

1. 第一阶段:冲击期

个体感受到来自生活的压力或问题,或经历创伤性事件后,感到震惊、恐慌、不知所措,原有的心理平衡被打破,个体尝试使用熟悉的应对问题的方式解决困难,在这阶段一般不会寻求帮助。如在恋爱中的学生,当对方突然提出分手后,虽然感觉到紧张焦虑,但仍然会期望通过积极主动联系来令对方回心转意。

2. 第二阶段:防御期

经过尝试后发现面临的事件难以解决,迫切想要恢复心理上的平衡,努力控制焦虑和情绪紊乱,恢复受到损害的认知功能,但不知如何做,会出现否认、合理化等防御方式。同时开始尝试使用不同的方式包括求助来解决问题。这时候个体往往会向信任、亲密、熟悉的朋友求助。

3. 第三阶段:解决期

经过尝试新的方法,问题仍无法得到缓解,个体内心的紧张感、压力感进一步加剧,表现出退缩、否认问题,通过求助,焦虑降低、自尊提升,社会功能逐渐恢复。这个时期个体有强烈的求助意愿,渴望迅速得到解脱。

4. 第四阶段:稳定期

个体经历了危机,身体、情绪、认知和行为达到了新的平衡状态。积极的结果是通过争取亲人、朋友和专业心理咨询的支持,自尊水平提升,认识更为灵动自由,行为更自主负责,个体在心智上更为成熟,面对危机的能力得到了提升,困扰得以解决。消极的结果可能是退缩,情绪反应进一步固化,出现严重抑郁、幻觉、妄想等,最终罹患各种精神疾病,或者习得新的行为方式,如酗酒、过量吸烟、无规律的饮食起居、无目的的游荡、长时间上网等。

三、心理危机的类型

根据危机发生的问题来源，可以将心理危机分为以下三种类型。

1. 发展性危机

发展性危机指成长过程中急剧的变化所导致的异常反应。成长的过程中会有各种转折或挑战，对新的环境、新的要求，不熟悉、不了解、不能顺利适应，就会出现发展性危机。纵观整个大学生活，会面临很多次发展性危机，如陌生的校园环境、新的人际关系、新的专业学习方式、新的社团、挑战性的研究，都会给学生带来情绪和认知上的挑战。

2. 境遇性危机

境遇性危机指个人面临无法预测的、突发事件时出现的危机。导致境遇性危机的事件往往对人影响巨大，如失恋、亲人亡故、考试不及格、被留级、退学、罹患疾病等。这些危机往往突如其来、无法预知，使人遭受重大打击。如果对事件事先有预判，产生的影响就会减少。如失恋前有多次争执，对于双方不合适这一事件都有觉察和心理准备，真正分手时对彼此的影响会较小，相反，如果一方沉浸在恋爱的甜蜜中，而另一方提出分手，打击就非常强烈了。面对境遇性危机时，如果得到恰当的帮助，其影响会随着时间的推移逐渐减弱。

3. 存在性危机

存在性危机指伴随重要人生问题而出现的内心冲突与焦虑。如人生意义、人生目的、自由、快乐等。存在性危机与个体自我意识的成熟与完善有关。大学生脱离了高中时期单纯学习的生活，经历了更为复杂的人际关系，如果对自我的认同度不高，人生观、价值观与现实难以适应，极易出现贬低或否定自我，或盲目夸大自我，产生存在性危机。

存在性危机虽然在强度上弱于境遇性危机，但往往出现的时间早，持续时间长,涉及的层级深(较为核心的自我意识),会对个体产生持久深刻的影响,尤其是对于思维单纯、情绪敏感的大学生,存在性危机会导致对身体的伤害,甚至自杀,需要特别注意。

四、心理危机干预的一般操作程序

心理危机干预是指针对处于心理危机状态的个人及时给予适当的心理援助,使之尽快摆脱困难。因此,在危机干预中,干预人员要始终及时有效地给予当事人以情感支持,使当事人看到自己的资源和优势,从而有勇气面对危机并在危机应对中得以成长。

心理危机干预的大致程序如下。

1. 通过倾听和共情,与当事人建立安全稳定的信任关系

通常当一个人处于心理危机状态时,最核心的感受是孤立无援,与他人是隔离的,所以干预的首要任务就是建立安全稳定的信任关系。仔细倾听他们的故事,在故事中关注他们的想法和感受,一般不予打断。自由开放的倾听,既可以获取造成当事人危机状况的现实信息,又可以帮助他们表达、宣泄真实存在又不被允许的一些不合理的想法和过于激烈的负面情绪,如愤怒、憎恨、恐惧、沮丧、忧郁等。通过言语表达这些情绪,当事人将会获得更多的心理能量,逐渐恢复对这些情绪的监管而不是被情绪控制。对于某些当事人来说,表达情绪可能有些困难,可以从倾听他们的想法和期待开始。

2. 对当事人的心理状况进行评估

在与当事人交谈的过程中,干预者要注意搜集有关信息并在以下几个方面做出评估,为后续问题的解决奠定基础。当事人正在经历哪种危机?当事人目前处于危机的哪个阶段?当事人采取了哪些措施,效果如何?当事人既往处理危机的习惯是什么?当事人目前的精神状态如何,有无自杀的念头?当事人的社会支持体系如何?

3. 确定干预目标

首先危机干预中的目标是以当事人的需要为基础,紧密围绕解除当事人的痛苦为核心,双方共同合作完成的协议,其目的在于积极调动当事人的内在资源,提升其自主监管事务的能力。

4. 心理危机干预的实施

干预者要根据所掌握的材料,帮助当事人扩展认识危机的内涵,看到危机中蕴涵着积极、成长的潜力,使其感受到在应付危机的过程中,自己是有所作为的。其次,帮助当事人认识到,要度过危机自己必须做出改变,并且这种改变需要当事人一点一滴地去做,鼓励当事人付诸行动。干预者对所提出的建议要把握好分寸,原则上不涉及人生的重大决策,如分手、退学、换专业等。认知疗法是常用的干预方法。认知疗法比较强调在当事人的思维方式和行为方式上引导,对积极的方面予以强化,对适应不良的方面加以指出,帮助当事人分析、讨论、可能出现的后果和风险,鼓励当事人自己选择,不断学习新的应对技巧,使其一步一步地解决危机。同时在危机干预的过程中要充分发挥社会支持系统的作用,尽量邀请与当事人关系密切的人参与协助。

5. 结束关系

心理咨询专家芭芭拉认为,如果当事人出现以下任何一种改变,即表示危机已经得到缓解:当事人为自己的将来制订了切实可行的计划;当事人对危机事件有了新的正向认知评价并能够建设性地处理情绪;当事人愿意在适当的时候接受别人的帮助;当事人摆脱了强烈的情绪反应;当事人理解到处理眼前的危机有助于他应对未来的危机时,危机干预的关系就可以终止了。

第二节 自杀及其影响因素

自杀,这个沉重的话题,在今天已经成为一个重大的公共卫生问题。据世界卫生组织估计,2012年全球有80.4万人自杀死亡,经年龄标准化后的全球年自杀率为万分之一点一四。自杀未遂者是自杀死亡人数的10~20倍。在我国,2012年自杀率为不到万分之零点九,自杀是造成人口死亡的第五位原因,是15~34岁青壮年死亡的首位原因,是我国大学生除意外伤害外导致死亡的第二位原因。美国的研究表明,在最近50年间,美国社会的自杀率保持相对稳定,但大学生自杀率是50年前的3倍。大学生自杀对于社会的影响力远远高于一般人,不仅给家庭和他人带来了灾难性的创伤,产生了更多的失独父母,而且对社会资源造成了巨大的浪费,给学校教育带来极大的负面影响。如自杀者的同班、同舍以及周围同学因此而产生恐慌情绪,学校面临为受到影响的目击者以及参与处理的人员提供充足的心理支持;学校管理机构还要面对公共媒体的质询以及可能的法律诉讼。如何更加有效地防控自杀行为的发生,显得尤其重要。

一、自杀的定义及其分类

自杀是一个复杂的社会现象,不同学者有不同的理解。1897年法国社会学家埃米尔·凯姆出版了《自杀论》,提出自杀是死者本身完成的主动或被动的行为所导致的直接或间接结果。美国心理学家切雷德曼对自杀的定义是:自己引起,根据自己的意愿使自己生命终结的行为。由此可以理解自杀是个体自愿并主动采用各种手段结束自己生命的行为。

美国国立精神卫生研究所根据自杀的结果将自杀分为自杀观念或自杀意念、自杀未遂和自杀死亡。自杀意念是指有寻死的愿望,但没有采取任何实际行动。心理学家雷诺将自杀意念定义为"思想或意念的内容出现死亡、自杀和严重的自我伤害行为,包括对自杀行为的计划、步骤和结果的想法"。自杀未遂,指有以死亡为目的的自伤行为,但未导致死亡。自杀死亡即以自己杀死自己的方式结束了生命。

其中,自杀意念被世界卫生组织推荐作为一个最重要的自杀风险评价指标。布兰特等人提出自杀意念可以被看作随后发生的自杀未遂和自杀死亡的重要的预测指标。凯斯认为自杀意念是自杀历程的第一步,之后逐渐发展成具有致命性的自杀未遂或自杀尝试,最后以自杀完成结束。同样地阿朗·贝克假设自杀意念逻辑上会出现于自杀未遂或自杀行为之前,一旦个体的自杀意念越高,越有可能采取自杀尝试,而自杀尝试的次数越多,自杀死亡的概率则越大。凯斯勒提出自杀过程一般会经历"产生自杀意念—制订自杀计划—实施自杀行为"三个阶段,从自杀意念发展到自杀计划的概率为34%,从自杀计划发展到自杀未遂的概率为72%,约有2/3自杀死亡者生前明确表达了其自杀意念。

因此,对于自杀的预防重点在于评估自杀意念,识别自杀危险因素,制止自杀行为。

二、与自杀相关联的危险性和保护性因素

从国内外的研究来看,人们达成了一个共识,即自杀不是疾病,而是多种因素相互作用下形成的行为,是心理、社会和生物诸因素相互作用的结果,也是在危险因素和保护因素彼此消长的影响下,个人素质与应激相互作用的产物。

1. 自杀的危险性因素

危险性因素是一些与自杀或自杀行为密切联系的特征、属性及其他变量,这些变量的出现,在某种程度上提高了自杀或自杀行为的概率。

(1)自杀者的个性特征:自杀者认知上一般采用非此即彼和以偏概全的思维模式来分析处理问题,易将遇到的问题归因于命运的安排,无望感强烈,压力应对方式生硬;情绪上多抑郁、焦虑、自我贬低、内疚、愤怒;人际关系方面,常缺乏持久而广泛的人际交往,回避社交,对新环境适应困难;以前有过自杀未遂经历。

(2)重大的负性应激事件:遭受特殊生活事件,如暴力、身体伤害或性侵、药物滥用、被歧视和他人自杀史;父母离异或分居;家庭成员罹患心理疾病;人际关系疏离独居;重要关系丧失,如青年学生失恋;违法乱纪行为;人际冲突等都可能成为自杀的直接原因或诱因。尤其当个体处于某种慢性痛苦时期,这些应激事件常可起触发作用。

(3)躯体疾病:严重的身体疾病、残疾或疼痛。大量研究表明,在控制了其他危险因素的影响后,躯体疾病,尤其是慢性的或难治的躯体疾病(如癌症、慢性肾功能衰竭等)仍然是影响自杀者的重要危险因素。自杀死亡者中患有各种躯体疾病者占25%~75%。

(4)精神疾病:大量研究表明,50%~90%的自杀死亡者可以诊断为精神疾病患者。其中以心境障碍最多见,其次为精神活性物质滥用、精神分裂症及人格障碍等。抑郁症是自杀者最常见的精神疾病诊断,约15%的抑郁症患者最终死于自杀,而精神分裂症患者亦有约10%最终死于自杀。

2. 自杀的保护性因素

自杀的保护性因素指能够降低自杀或自杀行为的一些特质、属性方面的变量,包括临床治疗:有效的心理咨询、心理治疗和药物治疗,积极的诊疗关系,专业的干预和治疗;家庭和社区支持:家庭强有力的支持,关系和睦、气氛融洽;对医疗和心理健康工作的接纳和支持;心理压弹力;适应技巧;挫折忍受和情绪恢复能力;强化生命,排斥自杀的文化和宗教信仰。

三、自杀的某些线索

从产生自杀意念到做出自杀决定和行为都是个体应对生活困境,对持续承受痛苦还是结束痛苦的艰难的选择过程,在此过程中会暴露出一些与自杀有关的线索。巴恩斯等人(2001)的研究发现有超过50%的自杀者在自杀前的7~10天会向家人和朋友表现出一些言语或者行为上的自杀征兆,但是这些自杀线索通常都会被家人和朋友所忽略或者未能被完全识别。因此及时发现这些线索并给予有效干预,是自杀预防中的重要措施。

美国自杀学协会在2006年总结了一句话:"IS PATH WARM?"这句话中每个大写字母都代表一项主要的自杀征兆。

I(Ideation)意念:有要伤害自己或自杀的想法,寻找自杀的方式。如直接向他人说出:"我希望我已死去""我再也不想活了";间接地向人表示出:"我所有的问题马上就要结束了""没有我,别人会生活得更好";谈论与自杀有关的事情或拿自杀开玩笑;谈论自己现有的自杀工具;谈论自杀的计划,包括自杀的方法、时间和地点。S(Substance Dependence)物质依赖:过多使用酒类、烟草或毒品。P(Purpose Lessness)目的缺失:觉得活着没有目的或意义。如说出"我的生活一点意义也没有""生无可恋"之类的话。A(Anxiety)焦虑:易激惹,无食欲或不进食,失眠或睡眠多,慢性头痛或胃痛,月经不规律。T(Trapped)圈套:感觉被套牢,生活没有出路,表达自己再也受不了了等无助的情感。H(Hopelessness)无望感:流露出对未来没有希望的情感。W(Withdrawal)退缩:孤独,与朋友、家庭、社会隔离,或通过有条理地安排后事,把个人有价值的、纪念性的物品送人,与他人告别。A(Anger)生气:愤怒、冲动、寻求报复,特别容易与他人发生争吵。R(Recklessness)鲁莽:行为不加思考,不计后果,如逃课、旷考、离校出走;频繁出现意外事故;学习成绩突然显著下降。M(Mood Changes)心情改变:戏剧化的心情变动,心情突然从抑郁痛苦变得轻松释然,一向谨慎的人变得随意、大方、开朗起来,向好朋友告别。

第三节 对处于心理危机状态学生的干预

危机干预就是在有限的时间内用简单的技术帮助当事人,处理迫在眉睫的问题,恢复心理平衡,安全度过危机,即保护当事人,预防各种意外自杀、自伤和他伤事件的发生。

一、大学生心理危机状态的识别与关注

大学生出现以下几种情况,均可判断为处于心理危机状态,需要及时启动危机干预工作。

1. 处于认知、情绪危机状态的个体

(1)自杀倾向,包括向同学、老师、朋友透露自杀的想法,或在网络、日记中发表相关言论、文章等。

(2)自伤倾向,存在可疑原因的外伤,如手腕上有伤痕,头部有外伤等。

(3)严重抑郁倾向,超过两周以上情绪低落、失眠、早醒、不愿起床上课等。

(4)攻击他人倾向,声称要攻击某人等,或易激惹,与他人频繁发生冲突等。

(5)精神异常倾向,包括明显的自言自语、情感不协调等,有精神分裂症、双相心境障碍、重度抑郁等疾病的嫌疑。

(6)正在服用精神类药物控制病情以及曾患心理疾病而休学、病情好转又复学的学生,目前情况不稳定。

(7)由于身边的同学出现个体危机状况而受到影响,产生恐慌、担心、焦虑、困扰的学生。

2. 近期发生重大生活事件的个体

(1)近期可能遭遇严重学业压力事件,如考试不及格,面临留级、休学、退学的学籍变动等。

(2)近期有重要的亲密关系的丧失,如失恋,或父母、兄妹等家人非正常死亡等情况。

(3)个人突患严重疾病,个人很痛苦,治疗周期长。

(4)家庭成员突然患病,经济压力、精神压力陡然增大。

3. 长期存在下列情况的个体

(1)长期患有严重的生理疾病,或患有严重心理疾病的同学。

(2)人格障碍,孤僻离群,缺乏社会支持的同学。

(3)过去有过自杀企图或行为的学生以及有自杀倾向的同学。

二、帮助有心理危机或自杀倾向者的注意要点

大多数自杀行为的实施是为了结束难以忍受的痛苦。在这种痛苦中个体感受到的是无法忍受、无法摆脱、永无止境。因此与出现心理危机者谈话的目标就是改变三个"无"中的一个或几个,要讲明问题是可以解决的。

- 事先应知道他们可能会拒绝你要提供的帮助。有心理危机的人有时因难以承认他们无法处理自己的问题而对问题加以否认。不要认为他们的拒绝是针对你本人,他们只是在保护自己,害怕面对问题,也可能越是拒绝的时候,越是渴望被接纳的时候。

- 向他们表达你的关心。询问他们目前面临的困难以及困难给他们带来的影响。鼓励他们跟你或其他值得信任的人谈心。

- 多倾听,少说话。给他们一定的时间说出内心的感受和担忧。不要给出劝告,也不要感到有责任找出一些解决办法。自杀的高危时间往往持续48~72小时。如果自杀行为能够拖过高危时间,自杀者有可能变得更加容易忍受心理危机。

- 要有耐心。不要因他们不容易与你交谈就轻言放弃。允许谈话中出现沉默,有时重要的信息在沉默之后出现。

- 不要担心他们会出现强烈的情感反应。情感爆发或哭泣有利于他们长久积压的负向情绪得到释放。

- 保持冷静。要接纳,不做评判,也不要试图说服他们改变自己内心的感受。

- 对他们说实话。如果他们的话或行为吓着你了,直接告诉他们。如果你感到担忧或不知道该做些什么,也直接向他们说。不要假装没事或假装愉快。

- 询问他们是否有自杀的想法。不要害怕询问他们是否考虑自杀,这样不会使他们自杀,反而会挽救他们的生命。"你是否有过很痛苦的时候,以至令你有想结束自己生命的想法?""有时候一个人经历非常困难的事情时,他们会有结束生命的想法。你有那种感觉吗?""从你的谈话中我有一种疑惑,不知道你是否有自杀的想法。"不要这样问:"你没有自杀的想法,是吧?"

- 相信他们所说的话。任何自杀迹象均应认真对待,不论他们用什么方式流露。所有自杀行为均应引起足够的重视。自杀行为是一个人向他人传递精神痛苦和求助的信号。大多数考虑说出自杀想法的个体,都处在生的痛苦与死的解脱的矛盾中。

- 不要答应对他自杀的想法给予保密。如有自杀的风险,要尽量取得他人的帮助以便与你共同承担帮助他的责任。让他们相信别人是可以给予帮助的并鼓励他们寻求他人的帮助和支持。如果你认为他们需要精神科专业的帮助,向他们提供转介信息。如果他们对寻求精神科帮助表示恐惧或担忧,应花时间倾听他们的担心,告诉他们大多数处于这种情况的人需要专业帮助,向他们解释建议他们见专业人员不是因为你对他们的事情不关心,只是想更好地帮助到他们。

- 如果你认为他即刻自杀的危险很高,要立即采取措施:不要让他独处;去除自杀的危险物品,或将他转移至安全的地方;陪他去精神心理卫生机构寻求专业人员的帮助。

- 如果自杀行为已经发生,立即将其送往就近的急诊室给予及时干预。

- 在结束谈话时,要鼓励他们再次与你讨论相关的问题并且要让他们知道你愿意继续帮助他们。对于同一个人或不同的人,令其无法忍受的事件会随着时间的流逝而有所不同。

三、校园危机干预的三级运行体系及职责

校园危机干预是一项系统工程,需要全体师生的共同合作,目前我国大多数高校都是采用"心理委员—院系学生工作者—心理咨询中心"三级预防和干预体系。

1. 心理委员在心理危机干预中的职责

(1)主动关心。对有情绪困扰、行为异常波动的同学,心理委员需要运用所学的会谈技术,以真诚的态度去关心该同学并评估其是否需要进一步帮助。对于认为需要进一步帮助的同学,心理委员可以提出积极的意见和建议,鼓励和安排该同学获取辅导员或心理咨询中心的专业帮助。

(2)初步评估。心理委员通过定期参加有关心理危机干预和朋辈辅导的培训,用已经掌握的知识发现危机、识别危机,对危机进行简单评估。

(3)及时报告。对于经过评估认为可能存在一定危机的同学,心理委员必须第一时间报告辅导员或咨询中心专业老师。

(4)稳定情绪,辅助陪护。心理委员在老师统一指导下,能够对经过评估可能存在危机的同学,开展有效稳定情绪的工作,履行陪伴和帮助的责任。

(5)保持联系。在处理危机过程中,心理委员务必保持和班主任及学校有关部门的联系,发现情况,及时报告。

2. 院系学生工作者在心理危机干预中的职责

(1)确保安全。确保有心理危机学生的人身安全是危机干预工作的底线。去除自杀的危险物品,如清理寝室里的刀具、玻璃杯、剪刀、绳索、药物等;将学生转移至安全的地方,尽可能安排学生待在安全楼层,不能反锁洗手间房门并采取其他必要的安全措施。危机未解除之前,

任何时候不得有心理让危机的学生独处,必须由家长、教师或同学陪伴,监护者不少于 2 人。如果自杀行为已经发生,立即拨打 120 急救。

(2)及时上报。在发现情况后马上(2 小时内)向上级领导报告,如辅导员向学院分管学生工作的书记或副书记报告,同时向心理咨询中心报告。

(3)联络转诊。经过心理中心危机干预咨询师评估,认为该同学已经存在自杀、攻击他人的风险,或患有精神分裂症、双相情感障碍、抑郁症等精神疾病,则由学生工作者联系家长,不能因为学生的要求而不告知,做到家长知情并要求家长到校履行监护责任。在家属授权之下,协助家属将该同学送交相关部门进一步干预。

(4)跟踪随访。在危机中需要对该同学保持持续的关注和随访。

3. 学校心理咨询中心在心理危机中的职责

(1)即时处理。即时对该同学进行访谈评估,评估其自杀、自伤、攻击的危险性并对其异常情绪、想法等做出疏导、处理。

(2)汇报与转介。心理咨询师无法准确判断是否处于危机或疾病情况时,应报告危机干预督导,会诊评估,必要时转介相关医疗机构。

(3)指导监护。对确有危险的学生,如暂时不能采取其他有效措施,应该实施 24~48 小时监护,必须落实监护小组人员,制订时间责任表,在咨询中心咨询师指导下,由各院系领导与辅导员组织实施。必要时监护可延长至 72 小时。

(4)危机后评估。在度过危机期返校后,需要对该同学保持持续的关注和随访。

第十章　大学生入学适应与学业问题及其解决对策

每年的 8 月至 9 月,大批的新生进入大学校园,成为大学中的新新人类。从高中步入大学,新的校园生活并不只是从一所学校到另一所学校的简单变化,而是学习环境、学习内容、生活环境、生活方式、理想目标、兴趣爱好、社会角色、人际关系、心理感受等全方位的深刻变化,是每一位大学新生从不成熟到独立的一个重要的转折阶段,这个阶段称为大学生的入学适应阶段。在这个阶段中,大学新生从一个生活在父母身边的中学生,转变为一个社会人,经历了人生的第二个断乳期,彻底嬗变为一个社会人。

入学适应问题、学业问题、职业与就业问题,是贯穿大学始终,具有现实性、根源性和普遍性的三类问题,是大学生需要应对生活上的自理、学习上的自觉、管理上的自治、思想上的自我教育、目标上的自我选择等方方面面的考验,也是大学生增强能力、成熟思想、完善人格、实现价值的出发点和落脚点。

充分认识入学适应问题、学业问题、职业与就业问题的严重性,正确识别和判断各类问题的表现,合理认识和分析这些问题产生的原因并有的放矢地采取有效的帮助对策,对顺利实现从中学生向大学生的成功蜕变,对大学生的健康成长与成才,都具有非常重要的意义。

第一节　入学适应

入学适应是迈进大学校门的新生都要经历的第一难关,时间长短因人而异，一般为一个学期左右。如果能够在短期内尽快调整自己的心理状态，转变角色，适应环境变化，即"入学适应良好"，就能为崭新的大学学习和生活奠定良好的基础，在大学的新起点上迈出坚实的第一步。然而，也有不少新生在进入大学后，面对新的环境往往不知所措，在学习、生活、思想、心理等诸多方面出现不适应现象，即"新生适应不良"，表现为性格孤僻、人际交往困难、难以融入集体生活；失去人生目标、蹉跎岁月；学习成绩下降、旷课、抄作业、考试不及格，甚至留级、退学等。伴随而来的，还有心理上的负面情绪，如意志消沉、情绪低落，感到孤独寂寞、空虚倦怠、失落沮丧、紧张焦虑、自卑受挫等。

在大学新生入学适应阶段给予积极的、充分的、合理的、有效的关注和支持，有助于帮助新生走出困惑和迷茫，尽快适应大学的学习和生活，保持并提高每位新生在入学时乃至整个大学期间的学习状态、生活质量。

一、学习方法的适应

1. 典型案例

小周是一名大一新生。入学后紧张的军训她挺过来了，可是另一种紧张而单调的学习生活，她却难以承受。她说："学习压力太大，没想到这样难，特别是高等数学和画法几何，学起来十分吃力。高中时我数学不是特别好，但也还过得去。现在上课时老师不停地讲，前面的内容还没完全听懂，后面的又接踵而至。尤其是画法几何，我怎么也想象不出来那些线条在空间是什么样的集合形状，太抽象啦。没想到大学课程的难度这么大。从上小学到高中毕业，我还从来没遇见过这种困境。"

2. 分析与点评

一份以浙江大学等 5 所院校 2012 年 9 月入学的大一新生为研究样本的调查问卷显示，在大一新生面临的各种入学适应问题中，学习适应问题最为严重。究其原因，在于大学和中学的教学特点、学习方法存

在诸多差异,这些差异主要包括:

(1)学习目标:大学学习目标多元化,需要学生自己加以选择和探索。

(2)学习内容:大学属于高等教育,学习的专业化、理论性、抽象性更高,内容艰深难懂。

(3)学习方式:大学学习以学生为主体,要求学生学会自主式学习。

(4)学习进度:大学课堂讲课进度快,知识容量和知识的跳跃性较大,课程多、课时短、进度快、练习少,许多内容要靠学生课后的自主学习去消化理解。

(5)学习侧重:大学学习对学生的要求不仅仅是接受,还要创新,侧重逻辑性、批判性和反思性。

除了这些显著的差异,新生还要面对频繁地转换教室上课、抢占自习座位、枯燥地查阅文献资料等新问题。

3. 帮助对策

(1)组织专业介绍会、导师见面会、新老生交流会等专业介绍和学习交流活动,邀请院系教师、高年级优秀学长介绍大学、专业情况,介绍大学学习的主要特点和经验,介绍大学与中学课堂教学方式的差异。

(2)加强自学能力的培养,克服对教师和课堂教学的过度依赖,学会利用图书馆和网络来丰富学习素材,拓展学习资源。

(3)积极主动与教师和同学交流讨论学习问题,多提问题,敢提问题。

(4)培养和坚持科学的学习策略和学习习惯,如制订学习目标与计划、课前预习、课堂认真听讲、做好笔记、课后复习、充分地练习、分析综合、整理总结等。

(5)拓宽学习途径,除课堂教学外,积极参加学术讲座、学科竞赛、社会实践、社团活动、参观实习等多种形式的学习锻炼。

(6)正确面对学习压力,保持乐观、坚强、自信的精神面貌,学会心理的自我调适,学会恰当的情绪宣泄,需要时积极主动向老师、同学倾诉和寻求帮助。

二、自我管理的适应

1. 典型案例

学生小姜(化名)曾经是一名优秀的高中生,学习成绩经常在班级前三。但是到了大学,对自己放松了,不爱学习、懒散、没有目标,不想学习,成绩排到班上倒数几名。他没有自制力,知道要学习,却始终不知如何下手,他想还不如玩一局游戏痛快。但是,玩过之后他又感到很后悔,很想努力改变现在的状况。他逐渐对自己产生了很多负面评价,认为自己不成熟、不靠谱,感觉好难过、好迷茫。

2. 分析与点评

除了学习方式的不同,大学与中学还有一系列管理模式的差异,包括:

(1)学生群体:大学学生一般为年满十八周岁的成年人,大学的学习、生活基本要自我管理。

(2)时间管理:大学阶段的时间管理具有复杂性与主动性,除上课、实验等教学环节外,有大量的课余时间可自由支配。

(3)学习计划:大学阶段的学习任务较为模糊而笼统,学习的自主性较大,因此而产生明显的个体差异和分化。

(4)学习压力:大学阶段各人的目标趋于多元,教师和家长也多指导而少约束,除了期末考试外,少有阶段性的测试,一般成绩也作为个人隐私而不广泛公布和排名,更少有高校召开家长会,学习压力内化而潜藏。

(5)日常事务:大学阶段学生面对的任务则非常多元化,除学习外,还有恋爱、交友、休闲娱乐、社团活动、打工实习、文体活动等,丰富多彩,充满诱惑。

由于长期习惯于被动学习、被支配、被监管,很多学生缺乏自我控制能力,缺乏时间管理、目标管理技能,不能很快地适应由紧张到宽松、由约束到自由、由监管到自控、由被动到主动的种种变化,学习成绩一降再降。

3. 帮助对策

(1)专业教育。邀请院系教师开设报告会等,介绍专业的特点、历史、现状、前景、培养计划和学习方法,使学生对自己所学的专业有实质性的了解,增强对专业的认同感。

(2)经验教育。组织新老生经验交流会,邀请优秀的高年级学生交流、分享和传授如何适应大学的学习和生活,如何进行时间管理,如何制订大学目标和计划,如何成长成才等。

(3)规划教育。组织新生参加职业规划课程学习,制订职业规划报告,参加职业规划大赛等,帮助新生认清自己的特点,客观、全面地分析和评价自己,找准自我定位,确立奋斗目标,规划发展道路,减少迷茫、困惑。

(4)纪律教育。邀请教务处、学生处领导开设专题讲座,讲解大学的教学方式、学籍管理、考核制度、学习要求、日常管理等校规校纪,组织新生集体参加《学生手册》的学习和考试,帮助学生熟悉学校的各项管理制度,增强遵章守纪,建设优良校风、学风的自觉性。

(5)激励教育。邀请辅导员、班主任组织主题班会,介绍奖学金、保送研究生、学科竞赛、科研项目、出国交流等激励、奖励体系,激发新生学习、科研的热情和积极性,帮助他们树立初期的学习奋斗目标。

(6)养成教育。对上课、自习、宿舍卫生、作息时间等日常学习、生活的各个环节进行严格检查和督促,培养规范、合理的学习和生活习惯,提高新生的自我管理能力。

(7)朋辈教育。召开主题班会,对新生普遍感到迷茫和困惑的一些问题进行讨论,如为什么上大学、大学里学什么、大学里怎样学、毕业后做什么等,帮助新生明确学习目的,认识学习特点,制订学习计划,增强学习动力。

三、人际交往的适应

1. 典型案例

小张是独生女,在家很受宠爱,自幼没有单独离开过家,上大学前很多生活琐事都由父母料理,连自己的衣服鞋袜都没洗过。上大学,来到陌生的城市,每日学习很紧张,还要料理自己的生活,她感到很不适应,非常想家。有时睡不着,常常梦到父母,一听到广播放的音乐里有"妈妈"的内容就哭。在街上、校园里听到的都是当地的口音,自己作为外乡人,内心很孤独。上课经常走神,学习效率不高。无心参加班上组织的活动,因生活琐事与宿舍室友关系紧张。

2. 分析与点评

进入大学后,如何与周围的同学友好相处,建立和谐的人际关系,是大学新生面临的一个重要考验。适应大学阶段的人际关系,新生们面临的压力和挑战有:

(1)大学中,同学们来自全国各地,有着不同的文化背景和成长环境,性格、价值观念、人生经历、思维方式、处事方式、生活习惯和语言都可能有所差异。

(2)大学中,师生关系明显淡化,同学之间互动增加,同学关系更加重要,既有合作也有竞争,并且同为缺乏经验、进入陌生环境的新生,容易发生冲突。

(3)进入大学后,新生们热切希望与新同学建立友谊,渴望在新群体中被认同和接纳,获得尊重和承认,但往往缺乏人际交往的相关知识和技能,容易在人际交往过程中产生迷惘、困惑、烦恼和忧愁。

(4)当前的大学生多数都是独生子女,在成长中往往受到父母、家庭的溺爱和过度保护,容易形成以自我为中心的思维模式和行为方式,容易忽略他人的感受。

受这些因素的影响,很多新生在进入大学后,不能尽快地建立和谐、良好的人际关系,出现一系列人际关系适应不良的现象,比如不习惯寝室生活、与同学关系紧张、不与他人接触、遭到同学排斥、不能结交新朋友等。

3. 帮助对策

(1)树立正确的人际交往的观念,树立积极主动、努力适应、不怕问题、敢于面对的观念。

(2)遵循人际交往的基本原则,如平等原则、真诚原则、宽容原则、求同原则等,树立换位思考、同感共情等正确、合理的人际交往理念。

(3)积极与辅导员、班主任、任课教师等沟通交流,遇到困惑、迷茫等问题时及时请教。

(4)组织集体活动,如制作班衫、寝室聚餐、班级联欢、主题班会、文体比赛、社会实践等,增加同学之间的了解,营建温馨、团结的舍风、班风,增强集体凝聚力。

(5)邀请优秀的高年级学长担任班级顾问,指导新生熟悉新环境,掌握人际交往技巧,解决人际交往问题。

(6)对同学矛盾、人际交往问题展开讨论,引导同学分析在频繁互动、冲突机会提高的情况下怎样更好地处理同学关系、结交新朋友。

四、角色定位的适应

1. 典型案例

小彬在入学之初担任班级学习委员,但在接下来的大一生活和学习中,其缺点逐渐显出:性格较为偏激,心胸不够宽广,心理承受能力较差。在入学初的英语摸底考试中成绩不理想,加之自控能力不强,整个大一上学期他的情绪一直受此影响,开始通宵玩网络游戏。起初只是偶尔几次,到大一上学期末网吧几乎成了他生活的主战场。最终他在大一上学期结束时挂了五科,大学生活自此更加消沉。

2. 分析与点评

由自我认知和角色定位的改变带来的心理冲突,也是新生遇到的一个重要问题。这些改变包括:

(1)进入大学后,精英荟萃、人才济济,很多新生难以维系成绩和排名等学习优势,产生巨大的失落感和心理落差,甚至开始怀疑自己、否定自己。

(2)大学阶段对学生的评价趋于多元,除学习成绩外,更注重综合素质,如社团活动、社会实践、学科竞赛、文体特长、表达能力、交际能力、动手能力、创新意识、组织领导能力等,仅凭学习成绩难以支撑足够的自信。

(3)大学阶段个体的社会角色更为多面化,如学生、学生干部、社团干事、见习员工、科研人员、团队领导、体育队员、文艺演员等,需要兼顾学习、科研、工作、文体、社团等多项事务,容易顾此失彼,相互冲突。

(4)经过一段时间的大学生活、军训和课程学习,许多新生心目中的"理想大学"回归到生活中的"现实大学",产生理想角色和现实角色间的冲突。

3. 帮助对策。

(1)树立正确的个人定位,对自己在班级和同学中的地位有合理期望,将追求学业进步作为长期目标,不执着于一两次的考试成绩和排名。

(2)正确看待学业成绩,学会与自己进行纵向比较,而不仅仅是与同学之间进行横向比较。

(3)对学业成绩不佳进行正确归因,多从自我努力程度、学习方法等可控、可变因素分析,避免将原因归结为自己能力不足、不适合某门课程或某个专业等,维护和保持好自信。

(4)正确认识自我,客观、全面地分析自己的优势和劣势、长处和短处,发现自己与众不同的特质和闪光点,在相信自我、接纳自我的基础上,不断完善自我、超越自我。

(5)以积极的心态面对压力,适当参加课外的学术、科技、体育、文艺活动,在健康活泼的文化氛围中培养积极乐观的人生态度,科学合理地对不良情绪进行疏导和宣泄,自己无法解决时,主动寻求家长、老师、同学的指导或心理咨询。

五、生活环境的适应

1. 典型案例

大一新生小宁是家中的独生子,一大家人都很宠他,基本上除了学习,从不操心其他任何事,生活自理能力很差。由于不会叠被子,不会洗衣服,军训期间母亲每天下午都要给儿子送换洗的衣服。一天夜里,小宁睡觉到半夜准备上厕所,发现鼻子上黏糊糊的,一看是流鼻血了。他不知道怎么面对,于是在凌晨给母亲打电话:"妈,我流鼻血了,该怎么办?"接到儿子的电话,妈妈哭笑不得,通过电话遥控指挥教儿子怎么止鼻血。血止住了,妈妈却感到担忧,怎么也睡不着了,"连这点事都搞不定,今后怎么办?"

2. 分析与点评

进入大学之前,学习是大多数中学生的唯一要务,饮食起居等日常事务全部由父母包办,受到无微不至的照顾,过着"衣来伸手,饭来张口"的生活,依赖性强,而环境适应能力和生活自理能力较差。进入大学后,大多数新生是第一次走出家门,离开家乡、父母、亲友而独自生活,容易产生一些生活环境和生活方式适应不良的问题,这些问题包括:

(1)不会妥善保管财物,东西丢三落四,花钱缺乏计划,随心所欲、大手大脚,有时一个月的生活费一周就用完了。

(2)缺乏基本的生活技能,洗衣服、铺床等也成为负担。

(3)不适应学校当地水土、气候、语言、饮食习惯、文化环境等。

(4)没有经历过集体宿舍生活,对不同寝室成员的作息习惯、生活习惯、个性特征、价值观念等一时难以适应,有相当一部分新生因此而产生宿舍矛盾和冲突,甚至导致神经衰弱。

(5)进入大学离开父母的照顾和监管,部分新生在约束弱化的"自由状态"下出现拖沓散漫、沉迷网络等不良习惯。

生活自理能力较差加上生疏的环境,使得生活环境的适应问题成为一个困扰很多大学新生的普遍问题,如果不能较快地适应新的生活环境,加之不知道如何进行适当的宣泄和求助,造成部分新生产生苦闷、忧愁、彷徨、空虚、抑郁等不良心理状态。

3. 帮助对策

(1)尽快熟悉校园内各项设施和学习生活场所的地理位置,如图书馆、教室、食堂、浴室、超市、银行,辅导员、班主任和任课教师的办公室等。

(2)养成有规律的学习和生活习惯,合理安排每天的作息时间。

(3)养成良好的饮食习惯,避免饮食不规律和暴饮暴食。

(4)逐步培养理财能力,根据家庭经济条件和必要的支出需求制订消费计划。

(5)逐步提高生活自理能力,通过生活规划、寝室值日制度、文明寝室创建和评选等创造锻炼机会。

(6)适当参加体育锻炼和文艺活动,学会通过运动和文艺舒缓压力、排解不良情绪,学会自我调整。

(7)主动与寝室室友、同学、教师沟通、交流,学会向别人倾诉和寻求帮助。

第二节 学业问题

大学生学业问题是指大学生在完成课业、开展科研活动中出现的涉及学习兴趣、学习动力、学习耐力、学习效果等方面的问题，主要表现为挂科现象普遍、课堂利用率不高、网络成瘾严重、优秀率偏低等。

学业问题的产生各有不同，因人而异，但又具有某些共性。有的学生进入大学后没有明确的学习目标，认为到了大学就是进了保险箱，产生懈怠心理，过于放松，"高中三年不能玩儿，大学一玩儿就三年"；有的学生对录取的专业没有兴趣，甚至产生厌学和抵触情绪，失去了学习动力；有的学生对大学的学习环境不能尽快适应，不清楚在大学中为什么学和怎样学；有的学生意志力薄弱、自制力不够，贪图安逸，盲目追求吃喝玩乐，沉迷网络游戏。此外，父母期望太高、家庭压力过大、地域教育水平差异、社会不良风气等因素也会对学生的大学学习产生干扰和影响。总之，学习目标缺失、专业兴趣不足、学习方法不当、自我管理能力不足、沉迷网络和游戏等是造成大学生学业问题的主要原因。

应对学业问题的关键在于深入了解各类学业问题产生的原因，有针对性地开展帮扶干预工作，帮助同学找到解决学业问题的有效办法，改善学习方法，提高学习成绩，增强自信，以积极的姿态投入学习生活中。

一、学习目标缺失

1. 典型案例

小明是一位来自山区，家庭经济困难的大学生，学业成绩一直非常优异。上大学后，忽然感到心中茫然，学习没有动力，生活没有目标，有时候想到辍学在家的妹妹和年迈的父母，他也恨自己不争气，可他的确找不到奋斗的目标与学习的动力，学习上得过且过，生活上马马虎虎，漫无目的，上课打不起精神。

2. 分析与点评

高中阶段乃至进入大学之前的全部求学阶段，社会、学校、老师、家长对学生的期望和要求就是高考成功、考入一所理想的大学，大多数学生本人也将此作为自己的奋斗目标和学习动力，这个目标清晰、明确，且具有较高的一致性。在这个目标的驱使下，学生往往会竭尽所能地刻苦学习，努力拼搏，有的学校以军事化管理不断强化高考的指挥棒作用，不少家长、老师也会灌输学生"考上大学就万事大吉"的思想，使得很多学生觉得考上大学就是终极目标，结果实现目标进入大学以后，部分学生会突然间失去方向和目标，产生了"大学学习为了什么？"的困惑。没有了目标，他们就失去了学习的动力，产生如释重负、想要"歇口气"的心理，放松了对学习的要求，进而导致学业问题。

3. 帮助对策

对学习目标缺失导致学业问题的学生，要尽早开展大学生学业规划、职业生涯规划，这是一个有效的预防和帮扶措施。

（1）很多高校和网站都提供大学生学业规划、职业生涯规划在线课程，有的高校还开设有大学生职业规划课程，使学生可以相当便捷地通过课堂和网络获取相关知识。

（2）通过相关课程的学习，辅以优秀高年级学长经验交流、企业参观、生涯人物访谈等实践环节，能够帮助学生认识自我、认识专业、认识大学、认识职场，树立学业规划、职业规划的意识，建立规划大学、规划人生的理念，从而明确大学的学习方向和目标，进而合理规划大学期间的学习和生活。

二、专业兴趣缺乏

1. 典型案例

小吴高考志愿填报的是该校某工科专业，但被调剂志愿录入经管类专业,小吴经过两年学习,越来越不喜欢该专业,学习成绩处于中游水平。从第三学年开始小吴经常不上课,主要时间都待在图书馆自习或到商学院旁听经济类课程。辅导员老师多次找他谈话,他每次态度都很诚恳,也认为自己做得不太对,但一到上课,他就心不在焉,面对索然无味的专业课,他没坚持多久就不去上课了。

2. 分析与点评

学习兴趣是构成学习动机的重要因素,在很大程度上决定了学习效率和学习成绩的高低。每年都有部分学生被录取为调剂专业,而非填报的或志愿就读的专业,另有一些学生即使就读于所填报志愿,但事先对所学专业缺乏足够的认识和了解,或是听从父母、高中老师的建议和安排,或是盲目追求热门专业,填报高考志愿时有较大的盲目性。进入大学后,发现实际情况与当初预期不符,感到所学专业并不是自己喜爱的专业,产生愿望与现实、兴趣爱好与所学专业不符的矛盾冲突,于是对所学专业产生抵触心理,由不知道自己未来的方向是什么衍生出为什么上大学、在大学里学什么、学习是为了什么等一系列问题,由没有专业兴趣发展为产生厌学情绪,丧失学习兴趣,对大学感到迷茫,对未来失去希望,甚至自暴自弃,产生"60分万岁,61分浪费"的混日子、混文凭思想。

3. 帮助对策

(1)对专业兴趣缺乏导致学业问题的学生,开展专业认同教育、专业理想教育,帮助大一新生尽快了解专业概况,增强学生专业认知,培养学生专业兴趣。

①积极参加学院举办的各种入学教育活动,聆听本院系资深教授、知名校友的讲座,请他们现身说法,这些活动都能够有效激发学生对所在院系和所学专业强烈的荣誉感、自豪感、归属感,进而产生浓厚的专业兴趣和学习信心。

②邀请院系资深教授为大一新生召开专题讲座,邀请优秀的高年级学生与大一新生进行座谈交流,向大一新生介绍、讲解专业的办学情况、培养方案、课程设置、学习特点、素质要求、就业去向、发展前景等内容。

③组织主题班会,让每位同学交流自己在接受专业教育前后对大学和专业的期望和感受有哪些改变,在分享讨论后进行总结、引导,以团体辅导的方式树立并强化班级同学的专业兴趣和专业理想。

(2)很多高校都有学生入学后可以转专业的机制,对于部分实在难以培养专业兴趣、激发专业热情的学生,可以咨询院系和学校教务部门,了解转专业的相关规定、资质要求和流程,通过努力转换到自己兴趣所在的专业。

三、学习方法不当

1. 典型案例

小李学习勤奋刻苦,每天早晨 5:30 起床,晚上 10 点多才回到寝室。经常最先到教室,上课十分用心,他的笔记在同学们中广泛传阅。期中考试以前,同学们都认为他的成绩肯定会在班级名列前茅。但是在期中考试中,他的高等数学和无机化学均考了不到 40 分的成绩。同学们十分惊讶,他也感到十分意外,但却不知道自己的毛病出在哪里,认为可能是因为自己付出不够。

2. 分析与点评

大学与中学的学习方式截然不同,对于习惯了中学应试教育学习方法的大一新生,很容易产生对大学学习方法不得要领的适应不良问题。

中学阶段,学生的学习主要靠教师在课堂上的讲授和知识灌输,教师具体、形象、直观地进行知识讲解,布置大量习题让学生进行反复练习。进入大学后,除专业课外,教学方式大多为大班教学,而且大学主要培养学生自主学习的能力,教师的授课更多是提纲挈领的介绍和指南作用,跳跃度较高,课程难度明显加大,课堂内容极为丰富,学生必须要更多地发挥主观能动性,进行充分的课前预习和课后复习,来回味、消化、掌握、解决知识内容。同时,大学学习还具有专业性、多元性和探索性等特点,学生既要注重寻找知识点横向、纵向的联系与区别,又要善于进行知识的总结、分析与归纳。

多数学生能够较快地认识到中学学习与大学学习的这些变化,经过一段时间后能够调整自己并适应大学的学习特点,找到适合自己的学习方法,但仍有少数学生对这些变化缺乏必要的了解和认识,始终找不到适合自己的学习方法,学习疲于应付,成绩不断下降,最终导致学业问题。

3. 帮助对策

(1)邀请优秀的高年级学长和同年级同学召开学习经验交流会,分享大学学习的心得体会,传授好的学习方法。

(2)建立"一帮一结对子""班级学习小组""朋辈学业辅导讲堂"等朋辈学业互助机制,在存在学业问题的学生和学业成绩优秀的学生之间建立一个沟通交流的平台,从学习习惯养成、学习方法改进、学习效果评估等方面开展帮学活动。

(3)及时与存在学业问题的同学谈心,帮助他们正确认识和学会如何面对挫折,如何面对困难磨炼,解决学业问题,不断增强自信,不断成才、成长、成熟。

(4)组织存在学业问题的同学开展小组团体辅导,引导同学通过讨论、交流减少或减轻焦虑、压力和心理困扰,一起寻找在身边的社会支持资源和渠道,从而达到帮助同学接纳自我、剖析自我、激发学习动力、改善学习主动性的目的。

四、自控力不足

1. 典型案例

小赵出生于城镇,家庭条件较好,中学时因父母均在外工作,平时缺少严格管教,生活习惯散漫,自觉性差。刚入大学时,他跟其他的同学一样,对大学生活充满期待,积极参加各种活动,表现十分突出,但在第二个学期,受高年级一些表现较差的学生误导,认为在大学学不到真正有用的知识,读大学只是"混"学历,因此从大二开始"混"日子,对学习提不起兴趣,学习成绩越来越差,在进行第二学年学分清理时,因学分不够需要留级。

2.分析与点评

在高考的压力下,学生在中学阶段普遍接受的是刚性管理的教育模式,相当多的一部分学生是在学校、家庭及社会舆论的巨大压力下被动学习,中学教师会日复一日地给学生布置大量的练习题,每月甚至每周组织测试,反反复复地给学生纠正错误,家长也会紧盯学生的学习动态,叮嘱、检查学生的学习状态,学生自我管理、主动学习的意识和能力较弱。大学则完全不同,任课教师大多是上课时来、下课后走,布置的作业一般不多,除期末考试外也没有阶段性的考试,这样就要求学生能够自我管理、自我学习、主动学习、主动探索。在这种相对自由的环境中,部分自控能力薄弱的学生由于失去了监督而无所适从,不知如何规划自己的学习;有的学生错误地认为大学阶段的学习任务非常轻松,认为大学很好"混",没能及时调整并树立新的奋斗目标,失去了学习的动力;有的还沉迷于大学中相对宽松的管理和"自由",精神松弛,得过且过,逐渐养成懒惰、拖延的习惯,不能适应大学的教学节奏,生活上自由散漫、纪律松懈、追求玩乐享受,学习上习惯性地迟到、旷课、抄袭作业、考前突击甚至考试作弊,严重的沉溺于网络游戏、网络小说,沉溺于动漫、电视剧,沉溺于人际交往、社会活动,严重影响正常的学习生活,最终导致成绩严重下滑,产生挂科、留级等学业问题。

3.帮助对策

(1)邀请教务处老师、辅导员向一年级新生介绍学校在教学管理方面的规章制度和需要注意的相关问题。

(2)协助辅导员、班长加强对学生学习过程的监督,开展课堂、自习的考勤,如实记录班级同学请假、旷课、迟到、早退等现象。

(3)组织同寝室同学、班级同学集体晨读、自习,帮助学生尽快适应大学的学习氛围,养成珍惜时间、自觉学习的习惯。

(4)发挥班委、学生党员、入党积极分子等先进学生的榜样和带头作用,积极维护班级良好的学习氛围,耐心劝导、积极引导自我管理能力不足、破坏班级学习氛围的同学,不歧视、不放弃每一位同学。

五、沉迷网络和游戏

1. 典型案例

小王的入学成绩在班上第二名,大一下半年迷恋上网络游戏,经常通宵上网,后来发展到一周甚至半月不回寝室,吃、住在网吧,经校方多次劝说不改,后来其父得知情况,来学校劝其改过,谈及贫寒的家境和跨出农门的不易,父子一阵唏嘘,小李当面保证以后决不再玩网络游戏。但其父前脚刚走,他后脚又进了网吧大门。最终他多门成绩挂"红灯",不得不自动退学。

2. 分析与点评

大学生沉迷网络和游戏的原因十分复杂,如个性特征、经济压力、社会角色的认同、家庭关系不和谐、人际交往困难等。概括来讲,由于内心空虚,没有清晰的目标,大学生对现实生活中的人和事缺乏兴趣,对现实生活中遇到的困难和问题无能为力、不知所措,转而对网络和游戏产生兴趣,并将其作为现实的替代,在真实的学习、生活之外找到了一个可以拥有刺激、信任、关怀和满足的环境,最终通过网络和游戏获得平静、安宁、快乐和自我实现。

然而,这种愉悦、满足、安宁和逃避终究是虚幻的、不真实的。在心理上,他一旦对网络和游戏产生强烈的依赖感,对学习、人际交往等其他现实活动就会缺乏兴趣或难以集中精力,导致记忆力减退,待人冷漠,脱离社会,情绪低落,消极悲观,性格孤僻,甚至丧失自尊和自信,严重的时候会导致自闭、人格分裂等;在身体上,由于使用网络或玩游戏时过度兴奋,正常的作息规律被打破,造成新陈代谢紊乱,出现反应迟钝、失眠、头痛、消化不良、恶心厌食、体重下降等躯体症状;在学习上,如果大学生花费在网络中游戏、聊天、看电影的时间太多,则会占用大量本应用于学习的时间,有人甚至白天在寝室睡觉,晚上在网吧通宵游戏,不上课、不写作业、考试不及格甚至不参加考试,严重影响学业,致使成绩下降,进而发展为厌恶学习,造成恶性循环,更加沉迷于网络和游戏。

3. 帮助对策

(1)营造温馨、团结、积极、向上的舍风、班风和学风,降低孤独感,形成同学们对集体的认同感、归属感,组织班级集体自习、相互督促,帮助同学们尽快适应大学的学习和生活节奏,尽早养成良好的学习习惯。

(2)开展理想信念教育,如组织"我的大学我的梦"主题班会,组织"写给四年后的自己"活动,撰写"我的大学学业规划和职业规划报告",帮助同学们明确大学目标,制订各阶段计划,消除迷茫,减少困惑。

(3)加强使用网络、参与游戏的正面引导和教育,组织"如何正确对待网络和游戏"的主题班会、"大学生上网利与弊"辩论赛等,让学生在讨论、辩论中认识网络和游戏的利弊,引导其正确利用网络为学习服务,告诫学生不要沉迷于网络和游戏中从而荒废学业。

(4)组织开展健康、有益的体育运动、文艺表演、知识竞赛、学科竞赛、社会实践等课外实践活动,帮助同学在课外实践活动中培养和发挥自己的长处和优势,增强自信心和培养进取心。

(5)严格做好学习、生活的考勤和监督工作,做好日常上课、自习、作息的考勤记录,在早期发现学生沉迷网络和游戏的苗头,及时干预,避免出现更为严重的挂科、留级等后果。

（6）对已经沉迷网络和游戏的同学给予更多的关怀，组织班委、宿舍同学、与其要好的同学主动与他们进行交流，从感情上多关心爱护他们，使他们体验到现实生活中同学情谊的温暖和集体生活的乐趣。

第三节 职业与就业

根据教育部发布的数据显示，2014年全国高校毕业生达到727万，首度突破700万；2015年全国高校毕业生规模更是进一步增长，毕业人数达到749万；2016年的毕业生人数继续增加。宏观就业形势面临多重压力，高校毕业生规模进一步加大，就业创业工作任务十分艰巨。

毕业生数量不断增加的同时，大学生的就业形势也日益严峻。导致毕业生就业困难的原因纷繁复杂，既有经济转型、产业升级、政策调整等社会因素，也有大学扩招、专业设置调整、培养模式改变等高校因素，还有性别歧视、学历歧视、身高歧视和残疾歧视等用人单位因素，但最关键的还是大学生的自身因素，如没有职业规划、盲目求职、好高骛远、从众、依赖等。

结合我国大学生就业困难的现状，不难看出，解决大学生就业问题的关键是大学生自身。对于想要获得一份理想、满意的工作的毕业生来说，制订科学的职业规划，树立正确的就业理念，培养良好的求职心态，全面提升综合素质，是必不可少的前期准备，而就业期望值过高、缺乏就业目标、缺乏自信和过于自负是毕业生需要格外重视的几个问题。

一、就业期望值过高

1. 典型案例

本科应届毕业生小红在招聘会的长队中站了一个小时。腰酸背痛的她恨不得不顾形象地席地而坐，或者转身走人，但她必须坚持。这是小红第三次参加大型招聘会，此前，她投出了70多份简历，参加了5次招聘宣讲会,到20家知名企业参加了面试,却没有一家向她抛出"橄榄枝"。从去年11月开始,小红就开始找工作了,她白天奔波于各种宣讲会、招聘会,晚上在电脑前填网上申请表;与此同时,还要应付英语专业考试,写毕业论文。求职伊始,她着力进攻大型外企、国企、银行,若"此路不通",再另做打算。小红的不少同学也都这么想。这些单位工资高、福利好、"有面子",培训系统完善。小红之前投的70多份简历都是名企,往往六七十人甚至几百人竞争一个职位,堪比公务员考试;而且小红希望留在广州或去深圳,大都市虽然生活压力大,但机会也多。"理想很丰满,现实很骨感。"她屡屡碰壁,"有时候专业不符合要求,有时候面试状态不对。"小红苦笑道,"听到同学找到工作,免不了会感到失落。"小红有本"求职红宝书",上面密密麻麻写满了招聘信息和自己的面试总结,以及"前辈"们的成功求职经验。尽管如此,小红面试了20次,失败了20次,她开始怀疑自己。"如果到了五月份还没找到理想的工作,我再降低要求。"小红很倔强。

2. 分析与点评

大学生就业难的一个主要原因是缺乏正确的自我评价,就业期望值过高。随着经济高速增长、社会不断进步,我国高等教育已由精英式教育方向转型为大众化教育方向,越来越多的适龄青年人有机会接受高等教育,大学生人数占适龄青年的比例有了明显的提高。这个变化一方面意味着越来越多的人的知识水平在提高,另一方面也意味着大学生在全体求职者中的竞争优势在下降。以"天之骄子"自居,认为大学生就是社会精英的旧有观念已严重与社会和现实脱节。在这样的观念下形成的各种过高期望值,已成为毕业生就业困难的主要因素。

因此,在求职时,大学生应树立合适的就业理念,根据社会发展和经济形势的现实,结合自身的能力、素质,找准自己的合理定位,确定符合社会实际、贴近社会现实、"接地气"的合理期望值。

3. 帮助对策

(1)给自己确定求职原则时,首先要对自己进行正确的自我评价,衡量自己与求职目标之间是否符合、匹配,或有较大差距。

(2)针对求职目标的定位,制订分步实施计划,在岗位或专业要求、薪酬、工作环境、个人发展等方面,既有基本的定性和定量要求,也有近期、中长期和远期的标准和目标,不能好高骛远,追求一步到位。

(3)制订正确的求职策略,做到三个"要",即一要有实现目标的基本原则,二要有实现目标的时间要求,三要有实现目标的基本手段。

二、缺乏职业目标

1. 典型案例

小白,28岁,某重点大学古代文学专业的硕士研究生。求职时,他听学长们说,网上投简历会增加被挑中的概率,于是在各大招聘网站"海投"——媒体、出版、营销、策划、企业文化宣传等岗位,不论和中文专业是否挨边,只要不限专业的,都试着去投。每隔几天就会有岗位更新,多的时候他一个早晨能投出去十几份简历。"海投"简历之后,小白每天都等着接面试的电话,但都石沉大海。

2. 分析与点评

小白采取的求职方式在大学生中具有代表性,即漫无目的地向用人单位投送简历。据统计,如果仅仅依靠这种方法求职,成功率为7%。

除了盲目投递简历,部分毕业生对应聘的职位也并不了解。由于没有真正接触过社会,他们缺乏相应的工作经验,对应聘企业所处的行业、应聘的部门和职位并不十分了解,有时甚至会形成对岗位和职位的误解。

每年各高校和社会举办的招聘会,岗位非常多,但不是每一个招聘机会都适合每一位学生。如果不管专业是否对口,缺乏对招聘单位的了解,盲目投放简历、盲目面试、盲目参加招聘会,既不利于顺利找到工作,也不利于长远的职业发展,甚至会丧失信心。

3. 帮助对策

(1)树立自己的求职目标,从大量的招聘信息中筛选适合自己的单位和岗位,有的放矢地制作和投放简历,以提高求职成功率和择业满意度。

(2)了解用人单位,如用人单位招聘的岗位设置、岗位知识要求、技能要求等,提升对用人单位的认知度。

(3)找准自己的竞争优势,将自己的专业知识、工作能力、个性特征、综合素质同招聘岗位的职责要求之间进行对应和匹配。

(4)选择优质可靠的就业信息来源,如各高校的就业指导中心等,获取真实、准确、专业、及时的就业信息。

(5)关注高校校友会信息,积极参加杰出校友返校报告,订阅电子版校友会活动简讯,通过校友渠道了解和收集就业信息。

(6)尽早规划就业方向,在读书期间注意搜集与专业相关企业的信息,根据这些信息不断完善自身的知识和能力体系,做到边规划边学习,再规划再学习,以适应就业市场的需求。

三、面试紧张

1. 典型案例

"见了面试官,如履薄冰,手脚不知往哪儿放,头不敢抬,眼睛也不看人,低着头在那儿等过关,本来平时都能回答的问题,面试的时候脑子一片空白,还出现答非所问的现象。"性格腼腆的小蔡,每次应聘都是输在面试上,每次回来都懊恼不已,越是这样,就越是影响到她下一次面试的心态。随着面试失败次数的增多,小蔡不知不觉就产生了自卑心理,慢慢失去了信心,甚至不敢再投简历。

2. 分析与点评

部分大学生因专业就业需求少,或因自己专业知识、专业技能及综合素质不足,或因求职屡次受挫,感觉压力山大,自信心倍受打击,产生强烈的自卑感。据一项中国大学生健康调查活动的结果显示:10%的大学生表示,压力大得喘不过气来,而40%的人认为压力主要来自就业。

大学生就业成功与否取决于多项因素,如专业知识、工作能力、综合素质等,但有一个更重要的因素却往往被忽视,那就是自信。如果有恰当的自信,学生就会更容易在投简历、笔试、面试等各个招聘环节中都保持镇定,从容不迫,从而充分展示自己的优势和特质,更容易被用人单位所认可和接纳,求职的成功率就更高一些。相反,如果缺乏足够的自信,过于紧张,不仅不能充分展示自己的知识和能力,反而会给用人单位留下负面的印象和评价,导致屡战屡败,甚至不战自败。

3. 帮助对策

(1)参加各类社会实践活动,如积极参加学生会活动、科技和文体比赛、演讲和辩论赛、暑期实习等,在活动和实践中锻炼和增强自信心。

(2)进行强化场景训练,把自己身上的才干、能力、技艺与人格特质等优点集合起来,然后写下面试时要说的重点,在老师、同学的帮助下进行面试模拟训练。

(3)增强自我认同感,通过"我的生命线"等心理游戏,归纳总结自己成长过程中的得失与成败,接纳自我,认同自我,从自己的内心不断获得自信的力量。

(4)参加面试前进行充足的准备,充分了解应聘单位和应聘岗位的要求,模拟作答可能会被询问的应聘问题,对面试中可能面对的问题和压力进行思考和演练。

(5)面试时通过深呼吸、默念"无论你怎样看我、怎样说我,我仍然是一个有价值的人"等自我暗示方法,调整心态,平复紧张情绪。

(6)面试结束后及时总结,合理归因,综合考虑主观和客观因素,避免片面地、过于概括地、绝对化地将面试失败归咎于自己能力不足、条件不够等个人因素,以便吸取经验教训,不断改进。

(7)保持平常心和良好的心态,认识到失利是竞争激烈的求职过程中非常正常的经历和磨炼,避免带着消极的情绪参加后续的应聘。

(8)明确求职目标,正确评估自己,找出自己的优势和缺点,考虑好自己能做什么、想做什么、适合做什么,有针对性地准备面试,增加求职成功的概率。

四、过于自负

1. 典型案例

某单位曾招聘经理助理一职,应聘要求上明明写着需要应聘人在同岗位工作2年以上,具有本科学历,没想到,在收到的200份简历中,近180份简历是毫无经验的应届毕业生。当询问一位递交简历的大学生时,对方自信地回答:"我学的是企业管理,在校担任学生会主席,组织过多次大型活动,社交和沟通能力相当强,我想我完全具备应聘这个岗位的能力,经理助理不需要什么强的专业技能,不就是接接电话、端茶倒水、起草些行政文件吗?"

2. 分析与点评

与缺乏自信相反,有的毕业生因专业就业需求旺盛,或因就读于名牌学校,或因自己专业知识、综合素质较高,或因被多家用人单位看好,对自己的评价过高,从而失去自知之明,产生强烈的自负感,自以为什么都懂、什么都会,虽然没干过,但是感觉工作是小菜一碟,往往"这山望着那山高",结果错过不少适合自己的用人单位。也有的学生为了求职成功,在面试时不懂装懂、不会装会,对自己的能力和经验夸夸其谈,结果给用人单位留下轻佻、油滑、浮躁、不踏实的印象。即使他们当时被用人单位录用了,时间一长,也会暴露出其夸大自我能力的破绽。

适当的自信是求职所必需的,但是如果过于自信,也会影响自己对自身的客观认知和目标定位,降低用人单位对其的印象和评价,最终导致求职失败。

3. 帮助对策

(1)对自己有客观、理性的认识,包括清楚自己的能力,知道自己目前能够做什么、不能做什么;清楚自己目前的需求,是需要一份自力更生的工作,还是需要一份实现自我价值的职业;清楚为求职成功需要做的准备工作等。

(2)对外部环境有客观、理性的认识,包括了解求职单位和职位意向的市场情况和招聘要求;了解自己知识储备、工作能力、综合素质等方面与求职意向的匹配程度;了解父母、家人、恋人等其他社会关系对自己的期望值,以便平衡和参考。

(3)在应聘求职过程中保持良好的心理状态,包括具备面对压力面试和求职失败的平常心;具备求职沟通中包容、开放、真诚的心态;显示展现优势的同时,也具备谦虚礼让的风度。

第十一章　大学生人际与婚恋问题及其解决对策

步入大学生活的学生,正面临来自人际和恋爱的各种问题,比如如何在人际互动中保持良好的人际关系的同时,还能保持自己的个性?在宿舍与同学相处时,我们如何相互适应,从而顺利度过大学四年?在恋爱中,我们需要掌握怎样的技巧才能让恋爱顺利和完美?本章整理了一些相关案例,并配以分析点评和解决方法,期待能给迷茫的大学生一些启示。

第一节　大学生人际关系问题及其调节

人际关系对大学生很重要。人生在世,无论是拥有非凡成就,还是默默无闻,都不能缺少与人的交往。大学生在进入人生这一重要的阶段时,都要面对人际交往这一重要课题,并希望自己能够做好这一课题。你是否和案例中的主人公一样经历过类似的情况,你是如何应对的?参考一下下面的案例吧。

一、"好好先生"如何开口"say no"

1. 典型案例

小郝被人称作"好好先生",除了"郝"与"好"相同的发音,在现实生活中,小郝的确就是一副"好好先生"的做派,比如小郝从不拒绝任何人给他提出的要求,哪怕一些要求超出小郝的能力范围。

"小郝,能不能帮我顶一下社团值班时间?我晚上有约会。"

"小郝,方便帮我到楼下带份饭吗?哦,顺便再给我买瓶饮料。"

"小郝,你出国交流学习,能不能帮我同学、我妈、我姐带个电脑回来?"

你瞧,上面的这些请求几乎每天都出现在小郝的日常生活里,小郝却从来没有拒绝过。

直到一个女孩给小郝说,"小郝,你人很好,心态更好,可是我觉得我们并不合适,不如分手吧。你应该不会生气吧。"说这个话的时候,女孩还是小郝的女友,女孩脸上不以为然地就把小郝给"分掉"了,小郝张了张嘴居然什么话都说不出来,看着女孩一蹦一跳地消失在眼前。

小郝有些错愕,有一种强烈的愤怒感从心头冒出,他不知道自己的这个性格怎么会被心爱的女孩看轻。更重要的是,小郝突然发现面对女孩的分手请求,他居然没有拒绝。毕竟在小郝的世界里,从来没有过"拒绝别人"的经历,拒绝别人为何就这样难呢?

2. 分析与点评

(1)一个人乐于助人的个性和品德自然值得人们学习和赞誉,但是一个从不知道拒绝别人的人,恐怕自己也承担了别人看不见的较大压力。

(2)难以拒绝别人的原因是什么?

①当我们还是婴儿时,我们对外在世界的判断都是通过父母或者照顾我们的人的反应。但是,当父母在这些反应中附加了一些条件的时候,可能就会改变我们对外在世界和自我的看法。比如,只有我们表现得很乖,很听话,父母才会爱我们。这样的"谈判"条件让我们习得了一些信念:"我"只有符合了父母的期待,才能得到这个世界上最重要的爱;"我"如果背离了父母的期许,那么父母将会远离"我"。

②这样的信念是在潜移默化中形成的,平时并不会表现出来,但是一旦当"我"背离了父母的期待,内心就会有着深刻的不安全感,那种害怕不会被爱、被接受的情绪就会袭上心头。

③社会规范中对乐于助人的品德的肯定,强化和固化了这样的信念。

④每个人都在努力地维持一个自己希望的形象,这个形象帮助我们更好地适应人群,保证在人际关系中的安全。

(3)难以拒绝他人的弊端是什么?

①在一个人"应允"别人的过程中,隐藏着另一个信念,即如果这个形象不能帮助他人或给他人提供服务,那么这个形象就是失败的,"我"就是无用的,不受欢迎的。

②我们可以想象一下,小郝一直生活在这个被自己创造出来并被他人喜欢的"形象"中。那么,小郝需要付出多大的努力和牺牲呢?例如,小郝的私人时间、学习精力、生活安排、兴趣爱好等可能都得让步于被别人喜欢的那个形象。

③在某种程度上,"好好先生"的形象是虚妄的,因为它不够真实,不是一个真正的、有着优点和缺点、有着自己的选择和倾向的自我,它更像是一个活在他人眼中的幻想,压抑了自己所有真实的期待与欲望。我们还可以假设,当小郝的人际关系进入不安全的阶段时,小郝可能会更加"用力"地维持这个"好好先生"的名号。小郝和很多"好好先生"一样,活在别人假设中的评价焦虑中。

(4)真实感受在这类人身上不容易被发现,而案例中让小郝感觉挫伤和心爱女孩不以为然的表情,这让小郝的真实感受才无从隐藏,即"我受伤了,我并不开心。"

3. 问题解决

(1)我们鼓励人们应当学会关心、帮助他人,但是对于"程度"的把握非常重要。例如,帮助到什么程度,什么事情可以帮助,什么事情可以拒绝等细节需要我们给予自己更多的时间,不要着急答应别人的请求,要学会适时地停顿。

(2)这个停顿的时间有什么作用呢？它是希望每一个"不顾一切"帮助别人的人，可以意识到自己同样重要，自己的需求同样值得满足、尊重和保护。特别是当自己的选择和他人的选择发生冲突的时候，也要认真想想是否缺少了对自己需求的考虑。

(3)人们只有把自己的事情先做好，才有能力帮助别人。只有自己认为自己是重要的，值得被爱、被尊重、被满足的时候，才能非常清楚地知道该不该帮助别人。这样的判断是随着我们对自己的认识发生的改变而悄然转化的。

(4)当然，需要提醒同学们的是，如果同学们有了这样改变的打算，可能意味着同学们会感到不安、局促，甚至常常觉得被人群所抛弃。那么，同学们可以在这些令人慌张的情绪中暂时停下来，感受一下，这些情绪是否出自害怕不被他人接纳的顾虑呢？甚至可以去求证"自己"是否真的被人群抛弃、背离。

(5)每个人都生活在"我"与别人的交往中，但实际上，与他人的交往背后是"我"与"自己"的关系处理，能不能处理好"我"与"自己"的关系往往决定了人际交往的很多时刻。

二、如何处理好宿舍关系

1. 典型案例

同学小王难以适应舍友小李的生活习惯，俩人的作息时间常常相撞，产生出一些不大不小的摩擦。遗憾的是，俩人都未觉得自己有多少错误，小王认为自己多年习惯了晚睡，一时之间难以改正，而小李则坚持贯彻早睡早起的生活模式。与此类似的是，南方姑娘小珍考入一所北方名校就读，宿舍其他三个人都是当地人，她们在饮食习惯、表达方式上有诸多差异，小珍试图适应大家的生活模式，可是发现这并不容易。宿舍是大学生生活、学习、交友的最主要的场所之一，许多人在多年后都将与舍友的相处历程当成一生最宝贵的回忆。青年学生渴望与挚友促膝交谈,然而,宿舍的人在交往中的确会产生许多摩擦和差异,它有时让人陷入困境。这是为什么?大学生又该如何看待宿舍关系呢?

2. 分析与点评

(1)对宿舍关系的理解,不仅仅要从生活习惯、作息时间、脾气、饮食等表面现象入手,还应当对它有更本质的认识。宿舍关系实则呈现的是不同个体在过往的生命历程中,塑造而成的个人的价值观念、生活观念和对自我的认知。

(2)宿舍关系中所揭示的种种现象和行为,与原生家庭息息相关。换言之,一个家庭对个体的熏陶和影响从婴儿时期就开始发挥作用,它通过家庭成员之间的人际互动、情感交流、构建亲密关系等途径一点一滴地渗入一个人的观念中。

(3)当人们进入一个新的环境,并且这个环境又是一个"准"家庭生活模式时,之前在原生家庭中积累的行为习惯就会自然而然地"流淌"出来。例如,从表面来看,小王和舍友在作息时间上有着严重不同,小珍在饮食习惯上有着诸多不适应,但实际上导致彼此差异的是他们多年来养成的价值观念发生着激烈的碰撞,诸如南北文化的差异、对健康生活的不同理解。

(4)宿舍的印象管理很难。我们通过管理自己的外在形象,期待给他人留下美好的印象。例如,一个人要打扮,不断地表现出最好的一面就是印象管理的常见表现。但是在宿舍,这样一个狭窄的物理空间内朝夕相处,印象管理就显得十分困难。也许,不到几天一个人就露出"真面目"。宿舍关系就是在固定物理空间内的朝夕相处,逐渐"去印象管理"的过程。因此,所谓的吵架、误解、矛盾等暴露真实生活的行为和言论就会出现。

3. 帮助对策

(1)做好宿舍舍友的边界管理。每个人都有自己的行为习惯和观点言论,在朝夕相处的宿舍生活中,舍友自然会出现"越界""干预"等情况,但是千万不要经常"越界",尊重每个人的独特性和方式,理解他人的原则、边界和要求是确保你们和谐相处的前提。

(2)形成一些共性的认识。宿舍舍友的相处需要形成一些共性的认识,最基本的包括时间、公共卫生和宿舍噪音。例如,在入住初期就约定好熄灯时间,宿舍卫生的打扫方式,音响的音量等涉及每个人最基本生活保障条件的,然后坚持下来。当然,要灵活处理这些问题。

(3)遵守人际交往之间最基本的原则。舍友相处久了,就会忘记或者忽略一些人际交往的原则,比如礼貌、尊重、真诚和互相容忍,而这些最基本的原则往往发挥着最大的功效。

(4)舍友发生矛盾的时候应该主动沟通解决,而不是彼此僵持。应通过沟通交流解决各种矛盾,避免出现如今大学校园里宿舍关系的一些特殊现象——持续性的矛盾、舍友间长期存在冷暴力。矛盾双方找个机会坐下来好好谈谈,了解对方的诉求,阐明自己的观点和做法,在彼此妥协基础上寻找双方都能接受的做法,还可以请好朋友、辅导员从中调解,当然,如果实在无法协调,也可以考虑调换宿舍。

三、焦虑的朋友圈回复

1. 典型案例

小古最近很苦恼,因为朋友圈的点赞量和回复量有些许的下降,即便是平日要好的朋友和同学的回复都需要很长时间。

"难道是我发的照片和文字不够吸引人吗?"顺着这个思路,小古做了些调整,例如,他多发了一些朋友圈点阅量高的文章和内容,多发了一些风景照,少发了一些自己的照片。可是这样的调整并未带来任何改善,相反,这还让小古自责自己的人缘为何如此之差?

小锐是一个贴吧的"吧主",也就是所谓的贴吧负责人,贴吧内发布的大小事儿、线下活动等都由小锐负责。但是,小锐觉得最近自己人气逐渐下滑，号召力没有之前那么高了。比如，自己在贴吧的发帖回复量还不及一个刚入门的新手。这让小锐非常苦恼，一方面自责于对这个小板块的管理能力，另一方面，则是因为他对自我的定位竟有点迷失了。

与小古、小锐情况相似的是，很多年轻人每天手握手机，低头穿梭在人群之中，似乎无法抬头看看身边的人和世界，只是低着头不断地"刷"着朋友、同学和名人的信息与新闻。这个时代的人际交往有了什么变化？我们应该如何应对呢？

2. 分析与点评

（1）如何看待网络社交？

①互联网世界中的互动与交往也是现代社会人际交往的一种特有形式，它和现实世界人际交往相似，都表现出与他人联接的渴望和认识他人的好奇心。只是交流的载体和形式从现实生活的面对面的交流，转换为以各种社交软件和平台（如微博、微信、QQ、贴吧等）为载体的交流。

②习惯于互联网社交的人们似乎一方面享受着技术的便捷所带来的人际快速联接方式，另一方面，陷入网络时代的孤独中，缺少人与人之间的真实互动，缺少心与心的贴近和灵魂的共舞。人们误以为可以通过科技的优势改善人际交往中的一些焦虑、孤独感，但是这不但没有得到任何缓解，反倒把焦虑的情绪推向了高潮。

（2）如何看待像小古和小锐这样渴望别人的回复和点赞的同学呢？

①人际交往的本质是人与人联接后产生的"意义感"，"意义感"缺失就会导致焦虑与孤独。

②互联网显然能让人与人之间更快地建立联接，但是联接的持久性和深刻度又令联接的意义不那么明显，于是焦虑就会出现。而奇怪的是，在面临这样的情况时，越是年轻的人群反倒把更加大量的互联网使用时间投入人际互动之中，以至于沉迷于社交网络，并以此代替现实

的人际交流。

③我们自然不应该低估网络社交对人际交往的弥补作用,但是,网络社交从根本上并不会彻底解决人们的无聊、孤独、焦虑等意义感的缺失的问题。

④我们往往会发现,那些沉迷于网络世界中的人际互动的人,在现实生活中,可能正经历着某些交往的困境,只是因为网络媒体的出现将这样的困境暂时性地隐蔽掉了。

3. 帮助对策

(1)我们需要主动意识到,当一个人把人际交往的重心全部寄托于网络世界,出现了沉迷、上瘾等现象的时候,我们需要把这一系列的现象看作一个引子,如同中药的"药引子"之功效,提醒我们应当主动关注自己日常生活中的人与事,并反思内心的情绪和状态。

(2)要自觉地将这种现象看作是一个"信号",而不仅仅是所谓的沉迷。来自朋友圈的焦虑提醒我们是否需要对最近的生活进行梳理,思考一下日常生活中的事情对我们的意义和价值,又或者是,现实生活中的人际交往是否出了问题,有没有突发的人际交往事件等。

(3)同时,我们需要对那些沉迷网络世界的同学给予进一步观察,重点是要在现实生活中找寻原因,这有助于我们得到更加充分和全面的信息,以辅助我们判断、分析和帮扶。例如,如果我们进一步将这个现象延伸和观察,就会得到小古更加全面的信息,她的日常生活中正在经历着一些人际变化,她在社团干部的选举中被别人淘汰掉了,心中充满委屈的她回到宿舍抱怨,却没有得到舍友的充分理解,反倒以一种无所谓的态度抹平过去。这样的人际变动迫使小古从解决现实问题转向了从社交网络中获取安慰。而身为贴吧负责人的小锐则因伤感于毕业,他在大学四年期间,并没有多少建树,只做成了一个贴吧,这样遗憾与自豪的情绪交织让小锐对贴吧变得格外关注。

(4)当朋友圈无人回应的情况出现时,如果你感到被别人遗忘,试着自己独处,观察自己现阶段的状态发生了何种变化。然后,找一个你信任的朋友谈谈,尽可能用一种诚实的、认真的态度交流,袒露自己的心事。这个过程会让你重新找回自己,看到自己的真实处境。

(5)请注意,不要着急关注社交网络给予人们的回馈是什么,而是要从呵护身边的人与事做起,从关心自己的情绪和状态着手。

(6)若要建立与别人的联接,那么人际交往的一些根本原则仍旧发挥着巨大的效应,包括真诚、坦诚、忠诚等。这些原则不会因为网络世界的出现而改变,仍然历久弥新地提醒着现代人群。

所以,请放下你的手机,抬起你的头,从无人回馈的状态中走出,看看身边的家人与朋友,再看看自己,这会让你找到真正的意义。

四、内向的我该怎样提高人际交往能力呢

1. 典型案例

学生小杨是一个"内向"的人,他在人际交往过程中常常不知如何与他人沟通,脸红、羞怯、紧张等情况时有发生。有时候,连小杨自己都认为,只有那些外向的人才会有更好的成就,而如自己这样性格内向的人,只会被贴上"沉闷""沉默不语""很难交到朋友"等标签。这让小杨有些苦恼,该怎么才能提高人际交往能力呢?

2. 分析与点评

(1)行为学派认为,人们的行为是可以习得的,也就是说,以前可以通过"学习"得来的某种行为模式,现在同样也可以通过"学习"去建立一种全新的行为模式,从而放弃旧有的行为模式。

(2)我们认为可以通过观察学习、示范、模仿、练习这样一个步骤,逐渐训练自己人际交往的能力。把人际交往技能的训练当作一个学习的历程,及时分析"学习"过程中的困难和障碍,并给予积极地回应和调整,从而习得这项技能。

3. 帮助对策

(1) 观察学习。在你的身边，一定有人际交往方面较强的人，无论他们是你的同学、老师还是长辈，甚至是名人，他们在人际交往方面的表现都可以成为你观察的对象。因此，应当悉心观察这些人是如何与别人进行交流的，是如何结识新的朋友或是维系过往关系的？并重点观察他们使用了什么样的说话方式、身体姿态以及特殊的人际技巧，将这些取自于他人身上的经验和优点进行总结和分析，然后不断内化成为自己的一部分。我们要相信，人是善于观察的动物，观察和模仿对掌握任何一种新的行为习惯都有着较好的实践意义和作用。

(2) 示范。当我们观察到一些经验的时候，就需要将这部分内容应用于实际的生活场景中。那么，为了实践效果更加良好，我们可以采用提前热身示范的方式。比如，你可以邀请你信任的朋友和家人帮助你，在一个模拟情境中，将观察学习到的经验呈现出来，看看呈现效果如何，并且通过朋友的建议及时地修饰、调整你在示范过程中的不足之处。这个过程会让人有一种真实的体验感，体验的次数越多，你会在实际场景中运用时就会越有信心。

(3) 模仿。与上一个步骤近乎同步的是模仿，在观察学习到一些经验并在虚拟环境中实践过后，就需要大量地在实际场景中运用。可是由于人们往往容易恢复到自己所惯有的人际交往模式中，因此，这时我们就可以通过回忆观察到的情景，将情景模仿再现。在不断地模仿强化的过程中，人们便会渐渐内化到自己的行为习惯和表达方式之中。

(4) 练习。有些性格内向的同学不知道如何开启交友的第一步，那么我们会建议这些人从身边最熟悉、亲近的人开始，如宿舍管理人员、舍友、隔壁宿舍同学、同学等，并且从打招呼和问候这样最为基本的交流模式开始，待这种交流更加自如之后，可以逐渐将交流内容具体化，然后延循这个步骤，不断扩大交流对象、说话内容以及说话的深度。

无论是内向性格还是外向性格,只要拥有一颗渴望交流的心、一些自然的交往技巧、一种真诚的态度,那么我们相信人际交往能力将会得到积极的改善。

第二节 大学生恋爱问题及其调节

哪个少女不怀春?哪个少年不钟情?歌德的名言一语道破青年学生的心理。你是否能区分出爱情和友情?你是否知道恋爱中的技巧?面对异地恋,你是否已经做好了准备?你是否有能力面对失恋?让我们看看以下案例中的主人公是如何应对的。

一、爱情还是友情

1. 典型案例

进入大学不久,小曾就在老乡会中认识了同级的小张。俩人交往起来轻松自在,在很多话题上颇为投机,小张也给小曾不少的帮助。小曾珍惜他们之间的这种关系,但是没有恋爱经验的小曾疑惑,他们之间究竟是友情还是爱情。小曾的舍友告诉小曾,她与男友的恋情就是从普通朋友开始发展,现在俩人感情非常好,所以小曾的恋爱过程可能也是如此。这番话让小曾平添烦恼,诚然,她与小张有诸多共同点,但面对小张又觉得少了一些什么感觉。小曾的情感迷惑代表着一些人的共同困惑,我们应当如何区分爱情和友情?

2. 分析与点评

(1)爱情与友情有着诸多共同之处,它们都是人际关系的一种具体表现,其中起到主导作用的正是感情。因为性格、气质、人品的吸引,导致人与人关系的亲密,从而有了喜爱之情;反之,彼此之间性格、气质、人品的冲突,就会导致人与人之间的疏远,并产生厌恶。小曾和小张在很多话题上有共识,又刚好来自同一个地区,这两种因素的叠加自然会令小曾对小张产生"喜爱",这符合人际相互吸引的原理。

(2)爱情与友情也存在着重要的分水岭,即非理性、即兴的冲动,也就是性吸引的表现。性的冲动是一种不顾一切地、持续不断地接近欲望的表现,当欲求相见而不能时,则会令当事人焦虑、不安。在正常的友谊中,则没有这样的感觉。

(3)爱情与友情联系紧密,所以很多人会如同小曾一样分不清楚二者的界限,又因为很多恋情是从友情发展而来的,因此加大了辨析二者的难度。

3. 问题解决

(1)异性之间不仅存在着爱情,也同样存在着友情。友情之间彼此的地位是平等的、独立的;而爱情是合二为一的,是专一而封闭的;友情是以信赖为基础的,是一个开放关系;友情是爱情的基础与前提,爱情是友情的发展与升华。

(2)有哪些指标有助于人们判断爱情还是友情?

①"排他性"是区别爱情与友情的主要标志。爱情需要高度的专一,在同一时间里只能给同一个人,而友情却可以在同一时间给不同人。爱情排斥恋爱双方的任何一方与其他人有同样的关系。

②性是判断爱情和友情的重要区分指标。恋人希望和对方有身体上的亲密接触。

③迷恋也是指标之一。恋爱中的双方都会不自觉地美化对方,理想化对方,所谓的"晕轮效应"就反映了这个道理。根据这些指标,小曾可以试图解读她与小张到底是什么关系。

(3)从友情发展出的爱情往往更加牢固,因为友情让双方深刻了解彼此,精神层面的东西较多,稳定性较强,这都有助于爱情的发展与稳定。

二、可爱与"可爱"

1. 典型案例

自入学起,性格可爱随和的小思就吸引了不少男生的注意,没多久就成功"牵手"了一个男生。不过,用小思的话来说这次"牵手"是稀里糊涂地答应了学长的追求。外形搭配的两个人能博得不少"围观群众"的注意,但是恋爱中的俩人没有多少共同之处。争吵随之出现,男友喜欢看女孩儿跳舞,就教育小思要学习爵士舞。小思在男友的建议下,开始了舞蹈学习之旅,业余生活似乎有了些许生机,但是这并未让小思感到快乐。没多久,俩人结束了恋情。失恋后的小思,开始观察周围恋人的恋爱方式和经验。小思照猫画虎地跟着学习,从穿衣打扮到兴趣爱好,小思执着地改变着。谁让自己是一个随和的人呢?这是小思内心的独白。两年后,小思再次恋爱。男友是一位典型的"理工男",热爱科技、数码和天文。小思琢磨这次恋爱一定不能稀里糊涂地结束。于是,她根据这几年的对他人恋爱经验的观察,仔细地研究了男友的喜好和兴趣,并不断地融入男友的朋友圈。可是,不知为何,一年后,男友提出分手。小思不知道自己做错了什么,为何如此尽心费力地生活却得到了这样的结局。

小思陷入了忧伤的状态,不再梳妆打扮,唉声叹气成为家常便饭。她看着身边人来人往,看着即将毕业的自己,竟一时对大学的爱情经历感到神伤?性格可爱的小思为何爱情屡屡受挫,如果你是她的朋友,该如何理解这样的经历呢?

2. 分析与点评

(1)著名心理学家斯滕伯格曾言:"爱情是一种平衡结构,其核心就是自信。"自信是一种自我形象、能力和性格的积极正面评价,它决定了个体对是否能实现自己心中所想的心理倾向,是对自己的正确认知和积极肯定,是自我意识的重要组成部分。

(2)文中的小思性格随和可爱,但两段爱情中似乎缺少了些发自内心的渴望与爱恋,多了些"为恋爱而恋爱"的感觉。不可否认,这样的"被恋爱"可能令人拥有安全感和成就感,甚至是不少年轻的女性所特有的一种自豪和骄傲。可是,在两段爱情中,年轻的小思似乎并未感受到来自爱情最重要的魅力之一,即经由一份美好的爱情帮助个人成长并丰盈自己的生命;与他人共舞但也能有独舞的美丽。

(3)爱情意味着双方在灵魂与身体、心灵与思想不断地交融、碰撞,并获取新的生长。而如今,小思断绝了爱情里真实的一面,以一个想象中的形象出现在这两段关系里,这显然少了爱情的味道。

3. 帮助对策

(1)全面看待自己,勇于接纳"自我",坦然面对自己的成长需求。一味地迎合和所谓的"可爱"个性,并不能获得真正的"爱"。

(2)一个自信、具备人格魅力的人往往受益于清晰的自我认知和积极向上的人生观,而一个缺乏主动了解自己和他人的人,注定会被他人牵着鼻子走,缺乏自我成长和获得爱的能力。

(3)一个人只有较为清晰地认识自我,才能了解自己的喜与怒、哀与乐。知晓自己的优点,同时也允许自己展现脆弱的一面,那么这样的人显得更加生动,也更爱自己。在此基础上寻觅的爱情,就不再是一种被动式的守株待兔,而是带着一双明亮的双眼看见了自己,也看见了别人。

三、为何恋爱中的"我"会变得不一样

1. 典型案例

寻找一份爱情是许多人在大学阶段的一个美好心愿,甚至很多人将此心愿列为大学必须做的几件事情之一,可见爱情对青年男女的意义重大。因此,在强烈的渴望推动之下的爱情,会显得格外认真,甚至不容许出现任何的"瑕疵"和"不足"。比如,小李在一段刚刚开始没多久的恋爱关系中,常常表现出不安的情绪,她发现一贯优雅自信的自己

竟然常常在男友面前失态、发火,对男友的一些举动难以容忍。这让小李感到有些吃惊,为什么一直温和稳重的她会变成另一副模样?无独有偶,身为学生群体中风云人物的小潘也发现自己在恋爱中的表现常常不尽如人意,曾经被忽略掉的一些缺点浮现在恋爱关系中。有时候,他对自己很失望,为什么自己有出色的社团组织能力,却在恋爱关系中充满着不足和缺点?那么,小李和小潘的爱情故事给我们一个什么启示呢?

2. 分析与点评

(1)认知心理学中有个名词叫作自利偏差,是指人们会扭曲自己的一些认知或者感知过程来维护自己的自信,以维持积极的自我评价。

(2)一个没有恋爱经验的人,在恋爱之前会高估自己在爱情中的表现,甚至在心中塑造出一个"完美"的恋爱形象。但是一旦形成了一段亲密关系之后,这些被塑造出的形象就会与现实之间形成落差,真实的恋爱关系就会一点一滴地呈现在恋爱双方的面前,而此时就会对自我形成一个较差的评价模式,类似于上述案例中的小李和小潘。

(3)人们在爱情中呈现出什么样的面貌是难以预测的,因为我们缺少对相关经验的总结和梳理。例如,恋爱双方的习惯与方式,其中包括沟通方式、相处方式、消费模式、表达方式等。

(4)青年正处于一个特殊的人生发展阶段,这个阶段就是一个不断成长的过程,自然而然地会产生诸多的不确定。一方面,青年人努力寻求着自我,另一方面,他还需处理来自朋友、同学、老师以及恋人等多方面的人际关系的挑战。这个阶段的复杂性远远超过之前的青少年和婴幼儿时期,所以,未必是恋爱让人们一下子感觉自己有着诸多缺点,而是这个阶段之下的人恰好正是处于一个各个方面都不够稳定并不断完善自我的阶段,而恋爱关系就是完善自我中的一部分而已。那么,我们猜测这一定会给恋爱中的青年人带来许多压力和困惑。

3. 帮助对策

(1)不要因为情感关系中的不足,就轻易地质疑自己,而应当秉持谦和、反省的心态,积极地从每段恋爱关系中学习、总结和反省,去了解自己为何有如此的表现,与对方共同讨论自己的困惑和不安。这种思考与讨论对培养青年学生健康的恋爱观念,促进情感关系的发展,形成成熟的恋爱心态有着重要意义。

(2)放弃对"完美"恋爱关系的追求,富有成长性的恋爱才是最有意义的,把毫无缺陷转移到彼此的成长和进步是恋爱良性发展的关键。

(3)积极讨论恋爱双方在人际交往方式、观点言论等方面的特点和差异,寻求双方交往的共同性,保留双方的差异和不同。

四、隔不断的恋情(异地恋)

1. 典型案例

雪儿考到一所远离家乡的高校,同学们的热情和初入新环境的兴奋并未消解雪儿内心的惆怅。原来,雪儿与男友小王考入分隔两地的不同大学,两地相距甚远,即便是坐飞机也需要三个小时。最初,俩人每天电话、微信、QQ不断,只是再深的思念都抵挡不住分离的遥远。雪儿习惯了一个人,一个人吃饭、睡觉、逛街,甚至生病了,都只能一个人扛过去,心里面有苦但不能抱怨什么。本来内向的雪儿在电话里面愈发沉默,特别是当男友分享学校的生活琐事时,雪儿无从应对。一年过去了,两个人逐渐适应了新生活的挑战,小王也在新的校园环境里找到属于自己的一片小天地,繁忙的社团工作、专业学习和社会实践几乎占据全部生活,新的朋友和同学也逐渐扩大自己的交际圈。一方面,俩人对较为顺利地度过了一年的学习和生活感到欣慰,但另一方面,俩人常常对着视频无话可说。雪儿开始隐隐担心,她担心开朗帅气的男友有了别的感情选择,更加担心"异地恋就等于失恋"的魔咒会击垮二人的甜蜜。渐渐地,俩人的联系被激烈的争吵和互相指责所取代。雪儿的日常作息变得不规律起来,常常半夜哭泣难以入眠,甚至在上课过程中为了求证男友一件小事就离席而去。身为同学的你该怎么看待并帮助她呢?

2. 分析与点评

(1)异地恋是相隔两地的恋爱。一方面,相爱的双方需要相处在一起以维持亲密关系,但远程的亲密关系则如同一种博弈,是职业、学业和恋爱之间的博弈。异地恋在物理空间上隔离开一双恋人,更隔离了双方对彼此浪漫激情的需求。

(2)在异地恋的恋爱类型中,自己心爱的人被他人所吸引并渐渐远离也是一种常见现象。这多是因为当事人感到孤独和寂寞,对身边的朋友和同事产生了超出友谊的感情,与此同时,内心又难以在道德和情感层面与现任伴侣分离。这就会使得当事人产生内心冲突,会质疑感情继续发展的可能性。但是,人们又会对这种行为找到一些合理化的说法以维护个体内在心理的一致性,使自己心安,并暂时忘记愧疚和自责感。

(3)创造更多的"共同话语"是一般恋爱关系中的需求,但是异地恋影响了"共同话语"的产生。因为恋爱双方缺少共同经历的事情和机会,加上沟通渠道和载体的巨大改变,这都在无形之间增加信息交流的成本和期望。

就雪儿所担心的"异地恋就是失恋"的魔咒而言,又应该如何看待呢?其实,异地恋本身并不直接等于失恋或者失败,而是选择异地恋的人能否在异地分隔的过程中,重新调整双方的沟通方式和习惯;能否学会伴随着成长的需求而进行适时的调整。遗憾的是,案例中的雪儿和男友也许是太年轻,没有具备这样调整的意识。

3. 问题解决

(1)异地恋过程中产生的"孤独"和"寂寞"情绪,是一种正常的现象。面对该情况,与其自责和愧疚,不如主动觉察情绪产生的原因,不必为此内疚。

(2)恋爱双方应当规律性地、理性地分析人们在感情中的困惑,帮助双方有意识地避免陷入因内疚而造成的一系列负面情绪反应中,促进初涉爱情的人更好地理解爱情的意义。

(3)双方在异地恋爱中应当事先制订一些规则,去避免和应对交往中的矛盾与摩擦。

①学会就事论事。当双方发生争执时,需要聚焦到事件本身,不要代入其他情绪和事情,不要提及与当前事件无关的人以及曾经不愉快的经历,避免在情绪化的时候发生争执。

②设定一些规矩和底线,其中包括沟通的时间周期和节奏、如何处理双方的争吵、礼物的馈赠等具体细节。

③尽可能地增加双方在一起的时间,提高在一起时的质量。具体而言就是以共享的时光在之后能在多大程度上被回忆起来作为衡量标准。这不仅增强了交往的乐趣,也能促使彼此精神层面的交融。

(4)关于彼此的承诺。双方对未来的承诺和计划的讨论将有助于二人能够沿着这个目标继续下去,二人也会更有意地维护和经营这段感情。

五、失恋 33 天:失恋之痛

1. 典型案例

2013 年,一部以"失恋"为主题的电影颇为流行,电影集中刻画了女主人公从分手之日起的 33 天内的种种心态,影片笑中有泪,牵动了所有经历过分手之痛的人们,让大家从另外一种角度审视着曾经的分离与逝去。电影片名也值得玩味,名为《失恋 33 天》,一方面,它用一种理性和客观的方式帮助人们勾勒出分手后每天的画面;另一方面,影片使用"33"天,这样一个具体的数字,又在暗暗鼓励着所有面临爱情离去的人们,要相信伤痛会有结束的那天,而重新获得自我的那天也会在不久的将来到来,给人们带来一种积极的暗示和信心。

不可否认,在现实生活中,不少青年学生在遭遇分手后所呈现的状态可能比影片主人公更加痛苦、深刻,持续时间也会更加长久,许多人无法从逝去的爱情困境中走出,内疚、自责、失望以及愤怒等情绪久久不得释怀。人们玩笑道:"懂得所有爱情的道理,却无法坦然地面对爱人的离去;明白缘分的聚散,也无法接受发生在自己身上那真实的一转身。"那么,我们如何看待"失恋"呢?

2. 分析与点评

(1)爱情心理学是这样定义"失恋"的:恋爱中的一方由于某种原因,觉得恋爱关系不复存在,主动中断恋情,而致使另一方的感情仍难以平复,处于"失恋"状态;或是双方由于某种不可抗的外力的作用,被迫中断相互间的恋爱关系,使得双方都处于"失恋"状态。这两种失恋状态对人的心理打击都是由于恋爱关系的突然终止而引起的。

(2)人总是对自己非常用心的人和事物抱有很大的希望,而失恋的打击则犹如个体长期投入感情的落空,这似乎是对当事人努力的否定,于是人们在失恋时会出现怀疑自我、不接纳自我的心态。

(3)失恋对于个人而言是一个漫长而崎岖的心理历程,而失恋也常常使失恋者的心理和行为产生强烈的失调行为。它会给当事人带来一次深刻的情感体验,这其中包括了悲痛和哀伤。

(4)失恋的特殊生命意义是什么?

①它让人们体会到了爱人的转身与离去的滋味。

②它要求人们学会和曾经的爱情告别,和失恋伤痛中的自己对话,为期待中的自己鼓劲儿,并主动、积极地逐渐释怀分手的伤痛,从而提升生命的宽度和深度。

(5)失恋后的五个阶段是什么?

根据美国心理学家伊丽莎白·库伯勒·罗斯的"悲剧五阶段"理论,被剥夺了依赖感(失恋、死亡)的人,在直面现实之前,会经历如下五个阶段。

①第一个阶段是愤怒。

②第二个阶段是否定现实,即否认爱情的离去、否定爱人的远离,误以为通过自己的努力与争取可以换回爱情。

③第三个阶段是妥协,它是在前一个阶段基础上的延伸,仍是失恋的当事人对过往经历难以割舍。

④第四个阶段被称作为漫长的忧郁期,它是当事人在经历了前三个阶段之后内心产生的疲惫、悲哀与伤痛。当事人在这个阶段可能会产生强烈的自我批评与怀疑,失败感较强,自我意识也处于一种摇摆状态中。

⑤最后一个阶段是最终的接受,这种接受不仅是对已成事实的接纳,也是自我重新生活的开始。

(6)失恋后,那些极端的"恨意"并不能带来情绪上真正的改善。恨是爱的一种反向,本质还是爱,爱之深则恨之切。

3. 帮助对策

(1)给自己独处的时间、空间,逐步地感受和接纳失恋带给自己的心痛和心碎的感觉。

(2)适当地寻求朋友和信赖的人的支持,逐步地在熟悉的人际环境和情感支持中恢复能量,逐步消除失恋带来的阴霾。

(3)主动地从失恋中寻求经验,多多关照自己的感受和内心。这样的反思让每个人静心想想在亲密关系中自己的感受是什么?"我"在建立亲密关系时有哪些无法释怀的问题和症结?为什么会有这样的困境?这是否与自己未被满足的期待有关,是否是成长过程中一些特殊经历带来的影响呢?这样的反思是一个主动地、积极地探寻自己的过程。所有的恋爱是与别人发生联系,但是根本仍旧在于自己。

(4)培养一个爱好,比如运动或者新的课程,并且尽可能地让它们规律起来,帮助自己在规律的生活体系之下,平稳度过艰难的心境。

(5)心理学鼓励认同并宽容那个离开你的人,当人们把选择爱的权利还给他人时,就是给了自己重新爱的能力和机会。

(6)判断一个人是否接受了往日恋情逝去的事实并走出阴霾,其标准是看他是否拥有了新的愉悦的心境,是否对生活产生了新的兴趣,是否允许他人再次亲近自己,是否再度拥有了追求爱的能力。而这一天的到来,犹如电影《失恋33天》结尾刻画的那样,重新理解生活的美好,开始接纳他人走进自己的生命。

其实,当一段美好的感情逝去时,过往的美好仍停留在心头,人们即便是失去了这段感情,但是心中的那个美好身影仍旧存在。有人用风景线来形容恋人,我们看到风景线会感到身心愉悦,但那风景并不会被我们全部占有。当恋人离开,就成为一道远观的风景,放在某个角落就可以。这并非是让人们不要放下过去,而是对已然发生的事情做出合理的解释后,使得生命体验更加成熟和丰盈。

第三节 大学生自我意识问题及其调节

在经历过高考的洗礼后,大学生对学习的关注逐渐转到了对自己的关注,普遍会基于对自己未来的考虑而对自己产生好奇,想知道自己是谁,在别人眼中自己的样子。什么是正确的自我评价?性格是否有好坏之分?我到底是什么样子?让我们开启一段自我探索之旅吧。

一、如何做到正确的自我评价

1. 典型案例

进入大学后,学生普遍会思考这样一些问题:"我是谁""别人眼中的我为何超过了我对自己的认知""我如何看待他人的评价"等。同时,部分学生在经历了一些重大的挫折和困境之后,容易在自我怀疑和自我肯定中来回摇摆。那么,关于"我"是谁,"我"如何认识和评价自我就成为成长阶段的一个重要问题。

特别是对于大部分中国的大学生而言,他们在中学阶段始终处于紧张的学习和激烈的考试竞争中,没有多少时间考虑自己的人生,也缺乏对自我的探索和认识。因此,大学的四年时光往往成为大学生的第二次人生的开始,这意味着人格的再形成,人生价值和人生意义的思考以及自我的完善。所以,这样一个成长阶段将伴随着冲突与矛盾,重塑与构建的过程。

2. 分析与点评

(1)在人的一生中,关于"自我"的概念会常常出现,特别是在遭遇重要人生转折的时候,它对每个人的拷问会更加明显。自我认识和评价直接影响着一个人的职业、生活、家庭。

(2)年轻的大学生对"自我"认识的渴望更加明显,这是这个阶段的必经之路。

(3)在人们遭遇挫折和矛盾的时候,"自我"更像是一个在大海中航行的小船,孤独且没有参照物。例如,当一个人遭遇挫折和失败的时候,会认为自己是个彻底失败的人,并浮现出"自己是一个一无用处的人"的念头,而当取得一定成绩的时候,则又表现出较高的自信和成就感;或者,当别人表扬自己的时候,可能会怀疑他人表扬和赞誉背后的真实性,难以坦然接纳别人对自己的肯定,但是当有来自外界的批评意见之时,个体则容易变得消沉和抗拒。

3. 帮助对策

(1)"自我"不是一个固定且僵化的概念,它是流动的,是伴随着个人成长的,是如同流水一样的发展性的概念。

(2)实践和行动是认识自我的根本路径,要从生活中最为简单和规律的事情做起,从成长的当下认识自己。例如,一个生性胆怯的人不论读了多少本提升人际交往的书籍都很难改善这个问题,但是,如果他每天能够从与身边最熟悉的人打招呼开始做起,就会逐渐让他在人际交往中得以放松并在不断重复的过程中更加轻松、自然,进而可以要求从打招呼上升到一定内容的交流和互动,这既巩固了前期的努力,也不会轻易地让人放弃。

(3)罗列出自己成长经历中的重要人物、事件和时间。我们可以将成长经历中的重大事件和重大转折罗列出来,分析其共同之处,找到自己的成长规律和性格特点。

(4)适当地"照镜子",通过他人眼中的自己来了解自己。积极地向身边的朋友、家人、老师等人员寻求帮助,通过这些人对自己的描述并结合上述内容,看看能勾勒出一幅什么样的个体画像。

(5)如何应对负面评价对"自我"判断的影响呢?

①不要着急拒绝和否认对方给自己的批评、建议和负面评价,要和这些"负面"的话语保持一定的距离,分析这些意见出现的原因。

②不要轻易地去辩解、拒绝他人对自己的评价,而是学着接受、容忍和理解。在一种平和的心理状态下客观地看待他人对自己的反馈意见。例如,当一个学生面对比自己成绩优秀的人时,应当采取的态度不应该是马上拒绝和否认,而应该在第一时间主动地尝试接受对方成绩优秀的现实,以避免在排斥、嫉妒状态之下所引发的一连串的不客观的反应。然后,在此基础上找到差距,合理认识自己,从而进一步完善自我。

自我的认知是一个漫长的过程,里面存有的种种细节难以全部用文字呈现,它是一个终身实践的历程,而大学恰恰是这个历程上的一个重要里程碑。

二、我是外向还是内向

1. 典型案例

小茵是一个安静的女孩,大部分时候喜欢一个人看书、听音乐,甚至在遇到一些困难的时候,小茵也都是独自面对。临近毕业,专业成绩名列前茅的小茵却遇到了一些困惑,小茵的老师告诉小茵,她的性格过于安静沉默,难以适应未来的职业环境;同学也纷纷好心相劝,一个人不能主动表达自己,没有人脉,太害羞就不会有太大的建树。这样的建议越来越多,小茵开始有些迷惑,"内向"真的这样糟糕吗?内向者就没有了未来吗?她看了看身边的人,那些颇有成果的同龄人多是开朗阳光、喜欢言谈的人,相比之下,自己这个性格可能真的有点缺陷。小茵着手改变自己,希望自己"外向"起来,可是这非但没有取得任何成效,还让小茵深陷对自我的怀疑之中。那么,你是内向者还是外向者?你又是如何看待这二者的异同呢?

2. 分析与点评

(1)性格是不分好与坏的。尽管现代社会那些职场中有所建树的人都具备了较好的公众表达能力、较强的人际交往能力、开朗的性格,但是他们并不代表全部,每种性格都有其优势和不足,人们对于内向者就是孤僻和被排斥的认识是极其不科学的。

(2)在人格理论的研究中,内向的人会将更多的精力投向自己的内心世界,沉浸在自己的想法、观点和情绪之中。他们减少了与外界交流的时间,因为那可能意味着是一种自我消耗。内向者的精力的来源和恢复方式都来自内向世界,有着较高的内心活动水平。

(3)外向的人则将更多的精力投入到了人、事和诸多的活动中,他们获得能量的方式往往是在交往中,实践的参与中。

3. 帮助对策

(1)真正接纳自己的性格。性格没有好与坏,放弃对"内向"和"外向"标签化的认识,这会让人感到压力。一个不能尊重和悦纳自我的个体所采取的种种调整可能影响人生的方向。

(2)内向性格的人也可以拥有自己的社交圈、爱自己的人和事业的成就。内向性格的人在事业成就、人际交往中仍有自己的优势,如善于倾听、善于分析问题、做事稳重踏实,这些良好的习惯和特点仍是现代社会人的重要素质。我们不能忽略这些"本事",而是要发现它,拥抱它,运用它。

(3)不要标签化性格,根据不同的情境和场合展现自己才是王道。一个外向性格的人不可能时时刻刻保持着"活跃""积极",一个内向性格的人也不是不能够分享自己的所想所思,重要的是找准场合,流动地看待性格的呈现方式。

三、自信与自负

1. 典型案例

小曾是学校一社团的负责人,在他的带领下,社团取得了诸多成绩,他也成为校园里的风云人物。社团的成员欣赏他强有力的执行力和领导力,但是在交流方面却屡屡与他发生矛盾和摩擦。在成员看来,他只要认定事情,根本不考虑其他团员的意见和想法,常常独自决定,然后要求他人高度配合。他不喜欢表扬和鼓励别人,对别人犯下的错却从不姑息,经常在公众场合或者微信社团成员群中直接点名批评。他常常说,自己从小就优秀,凭什么他们不听自己的呢?

有人说,自信是一个人的资本和基础,自负则是一个人的累赘,而二者的关系把握常常困扰到年轻人。那么,他这样的表现是自信还是自负呢?如何理解自信和自负呢?

2. 点评与分析

(1)自信和自负有着诸多相似之处,但是二者的区别在于它们所立足的基础,自信是基于现实的基础,而自负则是建立在非现实的基础上。

(2)建立在非现实基础上的自负者不愿意面对真实的环境,包括任何困境和缺点,他们一直在逃离令自己感到害怕的现实。这也是为何我们将自负者看作是另一种自卑的原因所在。

(3)自信立足于现实,这个现实包含了令自己喜悦的部分,同时也暗含着种种不足之处。自信者可以更加全面地审视自己与现实,包容现实中的不完美之处,通过直面这些不足,不断地提升自信心。因此,自信者的成长历程更加脚踏实地,也更加长远。

(4)合理地看待自己的不足是自信与自负的分水岭。学生只有将自己的不足看成是成长的动机,而不是一味地逃避那些不足之处,坦然地面对自卑,才能获得真正的成长。

3. 帮助对策

(1)案例中的小曾需要认识到在强硬、严苛的外壳之下,被自己忽略的那部分脆弱,并且梳理它们的形成原因,主动承认和接纳自己的缺点。

(2)学会主动地感激别人的帮助,学会发自内心地欣赏别人的优点和长处。

(3)写下自己的优点和缺点,尽可能地找到二者之间的关系,看看好与坏是否可以整合。学生通过发生在自己身上的小失败训练自己,看看自己能否在失败中学会面对自我。

大学阶段,学校鼓励学生要拥有足够的视野和阅历,也就是期望个体在更宽泛的人际交往和社会经验的坐标中能够看清楚自己的价值,能够迎接困难的挑战,能够面对真实的环境并最终成为一个与自己、他人、社会和谐相处的人。

第十二章　大学生情绪与行为问题及其解决对策

情绪和情感是人对客观事物和对象的态度体验,反映客观事物和主体需求之间的关系。情绪有积极情绪和消极情绪之分,积极情绪可以提高一个人的自信自律,促进人们创造性的学习。消极情绪(负面情绪),如悲伤、紧张、压抑、冷酷、愤怒、自卑、仇恨等,使人意志消沉、兴致低落。无论是消极情绪还是积极情绪都是我们主观对客观的一种态度体验,在促进个体适应环境生存与发展,驱动个体行为和活动,协调和促进个体其他心理活动,帮助个体传递信息、沟通思想方面发挥着重要作用。正因为有了喜怒哀乐等不同的情绪感受,我们才能体验生活的丰富多彩,形成一个五彩缤纷的心理世界。

人的认知和情绪通过行为表现出来。人的多数行为都是有目标、有计划的意志行为,在实现目标的过程中,人会经历一定的时间,克服种种困难,不断约束和控制自己,朝向目标不断挺进。但也有人存在目标性不强、坚持性不好等问题,成为学业成功、个人成长的阻碍。本章主要介绍大学生常见的情绪和行为问题及解决对策。

第一节　大学生常见不良情绪应对

大学生正处于青春期的中后阶段,情绪表现外向活泼、情感丰富、激情蓬勃,易受环境影响,有成熟稳定,也有多变极端,呈现出波动性与两极性、矛盾与复杂、多阶段与多层次化的状态。因此,做好大学生的不良情绪的认识与调适,既是大学生身心健康的重要内容,也是大学生自我发展和人格长成的必要条件。

本节我们将介绍大学生中常见的几种不良情绪,比如焦虑情绪、抑郁情绪、易怒情绪,并提出建议和对策。

一、"考试焦虑"的调节

1. 典型案例

小孟是一名学习刻苦认真,严格要求自己的大一男孩,从进大学开始他就为自己定下了成绩优异、拿奖学金、保研的目标。并且,当他发现周围的同学都很优秀时,心里暗暗想,只有自己加倍努力才能赶超其他同学,为此他放弃了很多跟同学们一起出行的聚会,全力投入学习中。然而,进入大学后,他却遭遇了以前从未遇到的问题,那就是每到考试期间就紧张不安。日常的小考也就罢了,马上迎来期末考试,小孟又遭遇这种情况,并且在最后的复习中他开始失眠,尽管他明白自己这种状态会影响考试效果,但是一想到成绩会落后,后面的计划都会落空,他就愈发紧张,继续投入更加多的时间挑灯复习。但是大强度的用脑加上失眠,让他感觉很烦躁,头也隐隐作痛,学习效率很低,复习效果不理想,觉得自己很糟糕,自己不知道该如何应对,感到很难受。

2. 分析与点评

(1)小孟的状况,是大学生中经常出现的因为考试压力引起的焦虑情绪。出现此种情况,我们可以从以下几个方面去理解:

①此种情境往往伴随个体内心矛盾冲突或涉及个体自尊、自我评价,说明个体在学习方面,对自我是有较高的约束和要求的。

②在压力面前,焦虑是正常的心理生理反应,也是一种正常的适应。有研究证明,中等程度的焦虑可以促进个体学习动机,对于个体全身心投入复习有促进作用。

因此,出现考试焦虑,应该积极去面对。

(2)过度的考试焦虑,却会给个体带来极大的困扰,因为:

①过度焦虑引起神经紧张,会出现各种身体不适,如食欲不振、睡眠问题等,从而导致个体学习考试效率下降,影响考试发挥,功亏一篑,得不偿失。

②焦虑往往是源于对未知的担心,往往存在自己吓唬自己的情况,对当下造成不必要的干扰,使自己丧失自信。

(3)出现考试焦虑可能有以下几方面的原因:

①不能正确对待考试。一方面,过度放大考试成绩的作用,认为分数是一切,只有分数才能证明自己。另一方面也有可能是进入大学后,基础薄弱、方法不得当等导致学习吃力,对自己信心不足,对考试有恐惧。此种情况容易出现在成绩最优秀或者成绩最差的学生身上。

②完美挑剔的个性心理以及对自我的不合理认知。学生不能容许自己失败,别人不能比自己更优秀,担心被别人超越。一旦成绩不理想,学生便出现自责、自卑等心理。此种情况容易出现在争强好胜和个性较为极端的学生身上。

③休息不好,睡眠不足,身体超负荷运转造成的身体心理的恶性循环。

④外部压力。一方面有可能是因为家庭经济状况不好,或者家长期待过高给学生造成学习动机过强,担心考试失败给家人无法交代的心理压力。另一方面,有些学校将考试成绩当作评价大学生是否优良的绝对标准,对学生造成外部压力。

3. 帮助对策

(1)帮助同学改善认知。①正确看待考试焦虑,不要害怕焦虑,看到其积极面,把握尺度。②合理评价自己,减少对自己的负面认知和联想,如"我必须""我不能""我害怕""完了"等绝对判断和消极评价。正确分析自己的不足与优势,容许自己的不完美,避免过高期望,合理期待自己。③正确看待考试,相信自己,提升信心,尽力就好,考试成绩并不代表一个人的全部。

(2)学会放松。焦虑情绪最突出的特征就是表现为过度的生理唤醒和能量消耗,因此面对焦虑情绪最主要的调节方式就是放松神经,调整身心。主要的方法有肌肉放松法,重复肌肉绷紧—放松—绷紧的步骤,如握紧拳头,再松开。练习肌肉放松和控制,从而减轻焦虑情绪。还有一种方法是呼吸想象法,闭眼冥想,呼气、吐气,调整呼吸,安静放松。

(3)积极行动,直面威胁和挑战。鼓励同学,对自己充满信心,直面问题,确认问题的症结,积极行动。如交流学习经验方法,改善固有的学习思维,提升学习效率,调整饮食和作息,改善精神状态,调整身体机能等。在直面问题时,增强自信,对不确定性的认可是降低焦虑的关键。

(4)强化社会支持。如果同学长期出现该状况,鼓励家长、朋友和师长,给予安慰、鼓励和情感支持,降低其不安全感,增强自信,使其能够真正地从内心强大起来。同时,了解其内心潜在冲突,给予专业的心理辅导。

二、我的郁闷你不懂

1. 典型案例

建筑学 1 班最近举行班级活动和班级聚会,平时跟大家关系都不错的小边没有出现。宿舍同学说他最近心情不好,总是一个人闷闷不乐,也不爱跟人讲话,这一周的专业课也没有去上。班长找到他的时候,他正一个人在宿舍边抽烟边打游戏,桌上一片狼藉,能看出他好几天都没有出门了,头发也是乱糟糟的,整个人精神萎靡,看着平时很自律的小边,班长很是诧异。原来小边高考报志愿时选择的是计算机专业,后来调剂到建筑学专业。尽管建筑系没有他最初想象的那么无趣,他与周围同学的相处也都非常愉快,但是他还是一心想着能调到计算机系去,并且他觉得自己物理、数学高考时都非常出色,专业调剂应该不成问题。但是两星期前二次选专业他却没能通过计算机系的选拔考试。他对自己很失望,整个人都很压抑,这两周来整个人情绪降到了谷底。班长在跟小边的沟通中才发现,他家里并不富裕,从小到大他都是全家人的骄傲,考上大学更是让他对自己的未来满心憧憬,希望能给自己、给家里创造一个好的未来。尽管建筑系也没那么糟糕,但是读建筑系各种花销太大,转系既能满足最初自己的兴趣,也能减少家里的开支,但是现在连一个转系考试都没通过,他觉得自己没有掌控好自己的前途,没脸告诉家人,对学习、生活都提不起精神。我们该如何帮助小边走出郁闷和低落呢?

2. 分析与点评

小边遭遇的状况是大学生经常会遇到的因为遭受挫折或者某种负性事件而出现的抑郁情绪。

(1)正确认识抑郁情绪。①抑郁情绪是一种消极情绪,是人们在日常生活中遭遇问题后心理冲突的正常反应和情感体验,抑郁情绪人皆有之,对于大多数人来说时过境迁,很快会消失。②相比焦虑带给个体生理的过度唤醒,造成紧张和过度担心状态,抑郁则表现为精力不足、疲倦、低兴趣、心情压抑,常常伴有厌恶、痛苦、羞愧、后悔、自卑、焦虑等消极情绪。

(2)抑郁的影响。如果某个人一直沉浸在抑郁中不能自拔,带给他个体的伤害远比我们想象的要严重得多:

①抑郁情绪长期下去,会出现思维迟缓、反应迟钝、食欲减退、早醒症状。社会交往中容易自卑退缩、灰心丧气、自我评价低,对活动失去兴趣和渴望,不愿意与人来往。

②身体出现一系列神经症状,如睡眠障碍、食欲减退,随着时间的推移程度增加,可能会导致抑郁症,严重时悲观厌世、痛苦难熬,甚至出现自杀倾向。世界卫生组织研究预测,到 2020 年,抑郁症将成为全世界仅次于心血管疾病的引起死亡和残疾的第二大因素。

(3)导致抑郁情绪的常见原因。①个性特征,一种是性格内向、孤僻、敏感多疑、不爱交际的大学生容易出现抑郁情绪。其次,人生经历较少,一路一帆风顺,在面对挫折时,容易片面化和概括化,看到事件和事物的不利和黑暗面,陷入消极想法和观念中。②遗传因素,有些大学生容易出现抑郁情绪,与家族遗传有很大的关系,父母有抑郁症,孩子有抑郁情绪或者发生抑郁症的概率就较高。③早期因素,如果一个大学生在早期或者成长过程中有过不幸遭遇和连续挫折经历,包括家庭事件和个人事件,大学期间,再遇到挫折,就容易出现抑郁情绪,甚至抑郁症。

3. 帮助对策

(1)理解同学的遭遇和情绪,支持安慰。建议周围同学对其多些鼓励、支持和交往,使其感受人与人之间真挚的情感和支持。

(2)帮助同学挖掘挫折事件的积极面,转换角度看问题,扩展对行为和事件的解释,"塞翁失马,焉知非福"。人生的道路很长,每个人的人生都有多种可能性。

(3)帮助同学更加全面客观地看待自己,不过高期待自己,也不妄自菲薄贬低压抑自己,挖掘自己更多的可能性,将注意力转移到个体更加擅长的价值处,主动积极建设对自我的积极情感。

(4)合理宣泄。通过运动、听音乐、写日志等方式合理宣泄,尤其运动是最好的方式。抑郁严重时则应寻求心理咨询或医疗帮助。

三、"刺猬"的无奈

1. 典型案例

小敏是大学三年级学生,学习成绩优秀,具有一定的领导才能,是学校一历史社团的负责人,一批学弟学妹们尊称他为"思想的男神"。但是同班同学对他却都是敬而远之,大家觉得没法跟他好好说话。一言不合,火药味就上来了,不分任何场合,跟别人争辩。甚至面对师长,只要他认为不合理的事情,不管三七二十一,就直接呛声,有同学戏称他为"刺猬"。因为他学习成绩还不错,想法比较独特,也爱打抱不平,时间长了同学们对他这种形式的耿直就不计较了。他也感觉自己有时候太冲动,平静下来会跟师长和同学道歉。然而,他的天雷脾气,最近却完全惹恼了跟他相处一年的女朋友,女朋友提出和他分手。这让他很是苦恼,一方面觉得很委屈,别人不理解自己,另一方面对自己又感到无奈。他到底该怎么办?

2. 分析与点评

年轻气盛、容易发怒是大学生中常见的消极情绪。从案例中也可以看出,易发怒的小敏是有着个人独到的见解和爱打抱不平,甚至个性有点耿直的大学生,这些特点都是值得肯定的。

(1)愤怒的影响。愤怒情绪之下的行为带给大学生的往往是适得其反的结果:

①盛怒之下,内容表达往往变成情绪发泄,结果并不能赢得老师和同学的理解,大家对你只能敬而远之。

②长此以往,个体的自制力下降,愤怒之下,往往会错失解决问题的机会,让自己倍感懊悔,如果懊悔的概率增多,会极大地挫败自己的

信心和自尊心。

③古人有云,"怒伤肝",长此以往,身体也会受到损伤。

(2)个体容易发怒的原因。①自尊心太强,太想展示自我的个性和想法,以树立威信或者确保所做所言的正确。②性格容易急躁和冲动,在与人交往方面的修养较弱,缺乏换位思考的能力,忽略他人感受。③有时也与学习、生活压力以及身体特殊情况有关,如身体中微量元素缺镁的人容易情绪激动、爱动怒。④早期成长经历,以自我为中心的生活环境或者曾经生活在容易争吵和动怒的家庭氛围中。

3. 帮助对策

(1)遇事多进行换位思考和分析,以开阔的胸襟包容他人,增强与周围同学、朋友的互相体谅和理解,赢得别人的尊重和支持。

(2)通过自我暗示、自我激励等方式在日常生活交流中随时提醒和安抚自己的情绪。逐渐学会克制,增强自我情绪掌控力,提升个人修养。

(3)遇到压力,提前合理宣泄,如运动或去空旷的地方大喊等释放压力。

(4)通过瑜伽、闭目养神、冥想、深呼吸等方式不断调整自己的日常心理状态,修身养性。

(5)加强自我身体保养,排除身体病理状况。

四、嫉妒之痛

1. 典型案例

小美和小静是文学院大二女生,俩人同住407宿舍,性格活泼,成绩都在各专业位列前茅,并从大一开始都加入院学生会,表现出色,俩人关系也非常要好。在大二上学期学院学生会竞选中,小美和小静俩人被提名为主席候选人,结果小美当选,小静落选。小静在气急之下,趁小美不注意将其手机扔进了厕所下水道,最后被查出。面对自己如此信任和要好的姐妹,小美知道结果之后甚是震惊和痛苦,而小静也是一样,想拥有美好的友谊,但是内心充满了愤怒、怨恨和痛苦,为什么自己就不如她,凭什么自己比不过她。我们该如何帮助小静走出痛苦?

2. 分析和点评

上述情形是大学生和社会中常见的嫉妒情绪。

(1)嫉妒的表现。地位相似、年龄相仿、经历相近的人之间容易发生嫉妒情绪,这是大学生中普遍存在的一种不良情绪。嫉妒通常表现为当看到自己在才能、荣誉、品行、相貌、地位等方面不如别人时产生的包含敌意、羡慕、愤怒、羞耻、憎恨、恐惧、痛苦等的错综复杂的情绪体验。所有情绪的产生都是人类遭遇各种境况之后一种正常的心理反应,同样,嫉妒的产生也是不可避免的。

(2)嫉妒的影响。对该情绪不同个体之间的应对会带来不同的结果:①有些大学生能将嫉妒转化为自己进步的动力,激励自己奋发图强,这是积极的方面。②但是严重的嫉妒感,常常使人的心灵扭曲。出现对被嫉妒者直接或间接的对立和抵触,出现冷嘲热讽、恶语中伤、任意歪曲事实等诋毁和敌意的行为,更有甚者,在强烈的敌意和憎恨情绪驱使下,丧失理智,出现暴力、人身伤害、偷盗等犯罪行为。③严重嫉妒感造成的后果,尽管让嫉妒者逞一时之快,但是结果是伤人伤己。在人际交往中,失去朋友和别人的信任,甚至给自己带来无可挽回的犯罪结果,得不偿失。

(3)嫉妒情绪产生的一般原因。①病态的竞争,包括制度与生活学习环境,让个体别无选择,容易产生嫉妒情绪。②自私狭隘、虚荣心过强的个性特征的人容易产生嫉妒情绪。③认知偏差,以偏概全、片面化、极端化认知自己和对待他人,不够客观理性。事事要强于他人才是成功,否则就是失败,别人强于自己就会对自己产生威胁,不能容忍。

3. 帮助对策

(1)看到嫉妒情绪下的行为带给嫉妒者的不良后果。培养宽容、豁达的心胸,克服虚荣心和狭隘,提升自身修养。

(2)明白"尺有所短,寸有所长"的道理,每个人的发展都是不均衡的,没有绝对的可比性。合理、客观认识自己和他人。既要看到自己的长处,不妄自尊大,也要看到自己的不足,扬长避短,提升和突破自己。

(3)集中精力在自己所要奋斗的领域里,便无暇去嫉妒别人了。

(4)培养广泛的兴趣爱好、完善个性、陶冶情操、丰富阅历、丰盈内心,不做井底之蛙,嫉妒情绪自然就少了。

第二节 大学生常见精神疾病与不良行为识别与应对

心理问题,如前面提到的大学生情绪问题属于心理正常范畴内的不健康部分,心理疾病则属于心理发展的不正常状态,属于异常心理,需要进行专业的心理咨询和精神治疗。因此,对于心理委员来说,能够掌握识别心理疾病的知识和方法就尤为重要。大学生常见的心理疾病主要有以下四类:一是以精神病性症状为主的精神障碍,主要有精神分裂症。二是以明显而持久的情绪高涨或情绪低落为主的情感性精神障碍,也叫心境障碍,主要有抑郁症、躁狂症、恶劣心境。三是以持久的心理冲突和痛苦为主要特点的神经精神障碍,主要有神经衰弱、焦虑症、恐惧症和强迫症。四是以环境变化引起的大学适应性障碍。本节主要介绍大学生中经常出现的精神分裂症、抑郁症、恐怖症和强迫症这四种精神疾病的识别与预防。

第十二章 大学生情绪与行为问题及其解决对策

一、无从抓住的感觉——精神分裂症

1. 典型案例

小林,男,某大学大二学生。从小父母对他要求比较严格,他平常比较沉默寡言,性格拘谨,学习认真。其母在工作和生活上都比较强势,事业较为成功,但常因琐事与其父吵架,与其奶奶关系也比较恶化,小林从小比较懂事,成绩优异,这成为家里人关系缓和的调和剂。进入大二时,突然开始胡言乱语,他总觉得班级有同学在背后骂他,并且挑拨他和其他同学的关系,激动时会跑去质问同学。如果同学在他背后三五群在聊天,他就觉得在议论他,然后去学校论坛上发帖指名道姓咒骂他的同学,过几天又感觉一切都没有发生。同学一开始都感到莫名其妙和愤怒,几次之后大家都觉得他是个人品有问题的怪人,害怕跟他接触。直到有一天他在学校里晕倒,醒来后嘴里总是骂骂咧咧,讲话内容前后毫无逻辑和事实依据,最后被送往医院精神科,诊断为精神分裂症。

2. 分析与点评

(1)精神分裂症的特征。①该病是一组病因未明的精神疾病,患者在感知、思维、情感、意志和行为等方面存在障碍,以精神活动的不协调和脱离现实为特征。②该病一般发病于青壮年,男性为15~25岁,女性略晚,缓慢起病,病程迁延,通常能维持清晰的意识和基本智力,但某些认知功能会出现障碍,发作期自知力基本丧失。该病在大学生群体中常有出现,经常突然发病。③约50%的精神分裂症患者曾经试图自杀,约10%最终死于自杀。有研究显示,无论城乡,精神分裂症患病率与家庭经济水平呈负相关。

(2)精神分裂症的判断。精神分裂症最基本的判断是首先通过精神病的常见特征和症状进行判断,通常这些症状不是由于药物、化学物

质和明确的躯体疾病等原因引起的。①自知力缺失或者不完整。所谓"自知力"是指患者对自身状态的认识能力,对自身状态的认知是否与客观现实相一致。在临床上,有无"自知力"是判断精神障碍的有力指标。精神疾病患者通常不认为自己有病,不愿意就医。②现实检验能力丧失,出现幻觉和妄想等典型症状。如幻听、幻视、幻嗅等,与实际的客观体验不相符合;如被害妄想、自罪妄想、疑病妄想等,通常以自己为参照系,进行毫无根据的设想和推理,并对这种不符合实际的结论坚信不疑,并无法被事实说服。正如案例中的小林,毫无根据地认为别人在议论自己。③患者的社会功能受到严重损伤。如性格大变,睡眠或者情感状态失常,言语行为出现异常,不能被周围人理解。

3. 帮助对策

精神疾病患者一般必须在精神科专业医师的指导下进行长期的药物治疗,面对此种情况,作为班级心理委员,要做以下几点。

(1)及时汇报。在发现同学出现症状的第一时间上报辅导员、班主任或其他学生工作管理者,或者报告给学校心理咨询中心,以便及时采取干预措施。

(2)不妄加评论和建议,密切关注。心理委员要正常对待有精神疾病的同学,并且告诫周围同学不要妄加评论和建议,密切关注同学的状态,及时寻求学生管理者和专业人员的帮助。

二、生命之痛——抑郁症

1. 典型案例

小王,某高校研究生。研三最后一个学期开学第一天,在宾馆留下遗书自杀。在遗书中,小王描述了自己从大学以来备受抑郁症困扰,但却不为人知的痛苦,自己失眠,压抑,恐惧人际交往。尽管已经找到工作,却觉得人生毫无意义和价值。以及最后一年家庭挫折和剧烈变化带给自己的打击和痛苦无法再承受下去,不抱怨任何人,却怀着对母亲和爱人的愧疚感走上了不归路。该生学习好,拿过奖学金,与人为善。因其在校外租房居住,跟同学交流甚少。据他女朋友事后说,他寒假在教研室有过腕部自残,大家问其原因,他说是手腕部受伤,大家并未在意。他的突然离去,同学们都震惊且遗憾不已。在后来跟他家人的沟通中发现,该生与母亲关系较为良好,与父亲关系比较恶劣。其母亲患有抑郁症,在陪伴母亲医治期间,小王觉得自己也有抑郁症,经医生确诊后,同母亲一起服药治疗。其家庭环境从小父母不睦,自身较为胆小,从小懂事努力。在小王自杀前,其兄长赌博,给家庭经济带来重创,他本科毕业后工作中的积蓄全部被掏空,小王受到重大打击,对生活感到无望和无能为力。

2. 分析与点评

(1)抑郁症的特征。①正如案例中小王所表现的自伤以及最后在遗书中所描述的受到抑郁困扰下自己绝望和无价值的感叹。抑郁症发作的特点就是三低四无,即"思维迟缓、情绪低落、意志消退"和"无助、无用、无望、无价值"。②抑郁症的另外一个特征性表现就是早醒,并且抑郁症患者症状表现出"晨重夕轻"的特点,早上一起床,就开始情绪低沉,到了下午有所减轻。该案例的小王因为不住宿舍,此症状并未被及时发现。③抑郁症患者常常表现出自卑、自罪、自责,甚至有自杀念头和自杀行为。该案例中小王承担不起家里过重的负担,之所以感觉到无助是因为自责,无力照顾家庭,无力承担起一切,后期出现的自残行为已经是自杀的前兆。

(2)引起抑郁症的原因。①引起抑郁症的具体原因并不完全明确,但是与遗传、童年经历、人格特征、认知因素以及负性的生活事件和遭遇有着极大的相关。案例中小王因母亲患有抑郁症并且长期受到家庭不和的影响,养成其较为自闭、不愿与人交流的性格。母亲在家庭遭受的一切,也使他处在不安定的环境里,一直受到抑郁情绪困扰。在自我认知上容易受到环境刺激,认知偏激。②抑郁症的每次发作与精神受到突然刺激或者发生重大变故有关。如案例中小王因为哥哥赌博对家庭造成经济重创,直接刺激其抑郁症发作。

(3)抑郁症的影响。抑郁症对个体的影响,毫无疑问是具有极大摧毁力的。①抑郁症患者长期受到抑郁情绪影响,会出现思维逐渐迟缓,记忆力衰退、反应迟钝、社会交往出现回避等状况,生活学习等社会功能受到严重损害。②抑郁症发展到严重期,患者会出现自伤、自杀,甚至伤害周围人的危险行为。研究表明,抑郁症已经成为继心血管疾病之外的第二大引发个体死亡的疾病。

3. 帮助对策

抑郁症需通过精神科医生的专业诊断和治疗,心理治疗与心理咨询可以起到辅助治疗作用。心理委员若发现疑似抑郁症的同学,应需谨慎对待,及时报告。

(1)根据该症发作规律,及时筛查。大学生中抑郁症患者的隐藏度较高,心理委员要做好关注和筛查。有的抑郁症与季节有关系,在春秋两季要加大关注与排查力度。

同时,抑郁症的发作与应激事件有极大的关系,如家庭重大变故、情感变化和挫折,甚至有些在常人看来都不算是大问题的挫折都会引发有抑郁倾向的学生发作。因此,心理委员可以通过同学各种公众状态,如QQ、微信、微博,多了解同学的生活动态,对于有自杀想法的同学有"想去死""死了算了""无意义,无价值"这样的语言或者文字细节,不要轻易放过。对于校外住宿或者家庭特殊情况的同学更要多多关心和关注,掌握状态,定期排查。

再者,寒、暑假返校前后,大学生的情绪波动会较大,要加大关注和筛查。

(2)及时汇报。该症不易把握,不可妄下论断。在发现同学症状的第一时间报告辅导员,与其他学生工作管理者或者学校心理咨询中心共同应对,以便及时采取措施进行干预。

(3)密切关注。抑郁症患者有潜在的自伤行为,因此,心理委员要团结宿舍同学或者班级干部,了解各位同学的状态,增强预防和警示意识,做好关注。

三、无法理解的恐惧——恐怖症

1. 典型案例

小张是某高校一年级保研公费研究生,成绩优秀,做事认真负责,严格要求自我。上研后为了挑战自己,他担任本班班长,在同学和老师中都有较好的口碑和威望。研一暑假,小张找了实习单位去实习,在实习1个多月的过程中,他发现自己的能力与实际工作岗位的要求相差甚远。他第一次对于自身价值和未来产生了担忧,受到较大打击。9月份开学后,他又因一个名次之差,遗憾地排在公费奖学金名额之外。因为家庭条件不是特别好,他整个人因此事件受到极大的打击,情绪低落,对家人感到内疚,对自己充满了自责。面对即将到来的11月份开题,他担心自己不通过,焦虑和失眠接踵而来。他每天都心发慌,吃不下饭。这样持续一个多月后,他还是没法进入教研室学习。一进入教研室,他整个人就出现胸闷、出汗、心慌情况,而离开教研室情况就会缓解。他一开始强制自己进入学习状态,但是情况越来越糟,有一天他刚进入教研室就直接晕倒,被同学送回宿舍后又恢复正常。最终,他被医院诊断为恐怖症,他只能申请延时开题,休学治疗。

2. 分析与点评

(1)恐怖症的一般表现。①恐怖症是以对特定事物或处境表现出过分和不合理的恐惧情绪反应和以回避行为为主要特征的一种神经症。如案例中的小张,无法进入教研室,就是对不足以造成威胁的环境感到恐惧。②大学生中常见的恐怖症有学校恐惧症、考试恐怖症、社交恐怖症等。③症状发作时会出现头晕、颤抖、出汗、心慌、胸闷等自主神经兴奋症状,但是如果检查,一般无身体各部位器质性病变的问题,所以案例中小张一离开教研室,身体又感觉没事。④患者对症状有自知力,患者对存在的症状感到痛苦和无能为力,正如案例中小张会迫切要求治疗。

(2)恐怖症对个体的主要影响。①患者不断出现与实际状况不相符合的心理冲突,有强烈的精神痛苦。长期发作,内心痛苦导致身体发生病变。②恐惧发作时患者知道这种恐惧是不合理的,但无法控制,常常回避,从而影响正常的工作、生活和学习。

3. 帮助对策

恐怖症作为神经症的一种形式,一般需要药物治疗和专业的心理咨询治疗。作为班级心理委员要做好以下几点。

(1)由于患者一般有自知力,会主动寻找解决办法或者讲述自己的痛苦,有神经症的同学心理较为敏感和机警,作为心理委员不可对同学的症状妄下断言和贴标签,可以建议同学寻求专业的帮助,进行后续的心理咨询和治疗。

(2)及时上报。经与当事同学沟通后,汇报辅导员或心理咨询中心,掌握同学动向,从而对其提供主动帮助。

(3)做好密切关注,以免出现突发和极端事件。

(4)恐怖症的发生因与个体的个性有很大关系,可帮助该同学放松心态,改善个性。同时针对此类学生容易焦虑的状况给予其建议,包含缓解焦虑情绪的方法,如呼吸法、想象放松法,使其暂时缓解紧张。

四、我的行为我无法做主——强迫症

1. 典型案例

小刘,男,某大学研二的学生,来自一个小城镇家庭,上有三个姐姐,家里独子。他从一所二本学校跨校考研考入重点大学,入学后便定下考入本校博士的目标,并且对自己在人际交往各方面提出了较高要求和挑战,学习努力,做事认真。为了实现目标,他每晚自习到十一点才回宿舍,为了节省时间,经常独来独往,跟宿舍和教研室同学甚至导师交流甚少。同学们一方面都觉得他很执着,另外一方面都觉得他有点偏执,甚至大家觉得他有点怪,因为在大家聊天过程中,一旦交流中有不通畅的地方,他就会反复不停地搓手。因此,他更害怕跟人交流,只要一交流,就会反复搓手,语言组织也会发生混乱,让对方感觉很怪异。他自己也知道搓手没必要,但总是控制不住自己。每次碰见人他都警告自己要克制,但是越想控制越会反复搓,自己内心很痛苦,无心学习,人际交往受到很大困扰,后到医院被诊断为强迫症。

2. 分析与点评

(1)强迫症的特征。①强迫症是一种以不能为主观意志所控制的反复出现的强迫观念、意向和动作为主要特征的神经症。案例中研究生小刘的搓手动作就属于强迫动作。②患者自知力完好,能意识到发生的行为无必要,但是无法自我控制和摆脱,感到极为痛苦,并且越是努力对抗抵制,强迫行为就愈发难以控制,感到焦虑和痛苦。

(2)强迫症对大学生的影响。因为强迫症常常阻碍个体的正常工作、生活、学习,长期下去,个体会出现社会行为回避现象。如案例中小刘跟人交流时出现强迫行为,越强迫越害怕交流,语言表达也随之出现问题,个体人际交流和学习生活都受到困扰,能力下降。个体精神极为痛苦,长期下去会出现焦虑、抑郁等状况。

(3)引起强迫症的原因。①约2/3的强迫症患者与较为强迫的性格有关,性格常常倔强、严肃刻板、循规蹈矩;做事苛责,注重细节,苛责完美;在工作学习中,遇到挫折,容易谨小慎微,过分严格要求自己,疑虑重重而诱发强迫症。②遗传、家庭教养以及童年经历也是诱发强迫症的主要因素。

3. 帮助对策

强迫症与前面的恐怖症一样,是神经症的一种形式,一般需要药物治疗和专业的心理治疗结合进行干预。作为班级心理委员,在发现强迫症患者时要做好以下几点。

(1)及时汇报。告知辅导员或心理咨询中心,掌握同学动向,主动帮助,建议同学前往学校心理咨询中心寻求帮助。

(2)建议医疗。帮助患强迫症同学认识到这是一种精神疾病,需要到专科医院接受治疗。

(3)强迫症的表现是越要克服,越加严重,心理委员可以建议同学,试着顺其自然、放松心情。同时,改善和提升自己的个性,逐步改善人格,养成积极、开阔、乐观的性格和认知方式,克服强迫心理。